Como Cristo amó a su Iglesia

Angel Perez-Lopez

Israel Perez-Lopez

DOCETE OMNES GENTES

PUBLICATION

DEDICATORIA

Dedicamos este libro a nuestros padres. ¡Que Dios continúe bendiciendo vuestro matrimonio!¡Que esa unión siga irradiando ante los hombres la luz del amor de Cristo por su Iglesia, con la clara conciencia de que vuestra pobreza es la vasija de barro que el Señor ha elegido para depositar el tesoro inefable de su amor!

ABREVIACIONES

Todos los pasajes de la Escritura están tomados de la Biblia de Jerusalén. Se ha accedido a todos los textos magisteriales en la página web del Vaticano. Para las obras de Santo Tomás de Aquino, hemos seguido las traducciones indicadas en la bibliografía. Cuando no hemos encontrado traducción al castellano, hemos traducido nosotros directamente del Latín, tal y como se encuentra en la página web del corpusthomisticum.com.

CIC	*Catecismo de la Iglesia Católica*
De Malo	Tomás de Aquino, *Quaestiones dispu tatae de malo*
De Veritate	Tomás de Aquino, *Quaestiones disputatae de veritate*
DS	Denzinger
FC	Juan Pablo II, *Familiaris Consortio*
GS	Vaticano II, *Gaudium et Spes*
HV	Pablo VI, *Humanae Vitae*
In Ethic.	Tomás de Aquino, *Sententia libri Ethicorum*
In Sent.	Tomás de Aquino, Scriptum super libros Sententiarum

RH	Juan Pablo II, *Redemptor Hominis*
ST	Tomás de Aquino, *Summa Theologiae*
SCG	Tomás de Aquino, *Summa Contra Gentiles*
TDC	Juan Pablo II, *Hombre y mujer los creó*

INTRODUCCIÓN

La obra que el lector tiene en sus manos nace de una inquietud prevalentemente *pastoral*. Está dirigida de manera más inmediata a los matrimonios católicos hispanoparlantes de los Estados Unidos. Eso no quiere decir que posea validez solo para ellos. Las verdades que aquí se van a exponer no conocen fronteras. Con todo, la manera de explicarlas tendrán en cuenta este contexto pastoral en particular.

En ocasiones, se hace difícil encontrar libros sobre el tema que nos ocupa que estén dirigidos a nuestra comunidad hispana. Es complicado encontrar obras que mantengan el equilibrio que aquí queremos buscar. Frecuentemente, es complejo armonizar una exposición accesible y pastoral con la riqueza de una sana y profunda doctrina. Con este reto en mente, creemos que podemos contribuir a la causa con nuestro granito de arena.

Pretendemos responder a unas cuántas preguntas en este libro. Se trata de cuestiones fundamentales para la vida cristiana en general. No obstante, estarán planteadas en vistas a una vocación cristiana en particular, a saber, la vocación al matrimonio. Entre esas preguntas hay una que destaca por su carácter fundamental. Por ese motivo, la hemos elegido para dar título a esta obra: *¿Cómo amó Cristo a su Iglesia?*

Esta pregunta puede ser respondida con distintos niveles de profundidad teológica. De eso no cabe ninguna duda. Nuestro objetivo es ofrecer una respuesta *pastoral* y *catequética*. No obstante, tenemos una arraigada convicción. El acercamiento *pastoral* y *catequético* necesita también de *profundidad* y *sustancia.*

No es extraño encontrar muchas obras pastorales y catequéticas en nuestros días. Desafortunadamente, no siempre poseen la calidad teológica y doctrinal deseable. Muchas veces parece establecerse una cierta rivalidad u oposición entre claridad y profundidad. Así, cuando se opta por un estilo pastoral y catequético, se sobreentiende que tendrá que primar la claridad en detrimento de la sustancia y el contenido. Nosotros, simplemente, no aceptamos esta oposición.

Por supuesto que debemos ser *claros*, tanto en las obras pastorales como en las académicas, por cierto[1]. Sin embargo, también hay que ofrecer una visión profunda de las verdades que se exponen. Todavía más cuando se trata de verdades que son necesarias para alcanzar la salvación. Nada puede justificar que sean rebajadas. Las versiones simplistas, superficiales o descafeinadas de estas verdades no sirven para orientar las almas hacia el cielo. Además, no responden al profundo anhelo de verdad que existe en nuestra comunidad.

Estamos completamente convencidos de que la claridad no está reñida, en absoluto, con la riqueza doctrinal. Obviamente, la armonía requiere que quien enseña sepa de lo que habla o escribe. Es más, a nuestro juicio, existe una proporción directa entre la profundidad en el saber del que enseña con la capacidad de ser claro en su exposición.

Hagamos una distinción que nos permite entender mejor cómo claridad y profundidad no están reñidas. Podemos hablar de dos tipos de claridades. Por un lado, tenemos la *claridad en*

---

[1] Gran ejemplo de claridad se encuentra en S. T. DE AQUINO, *Suma de Teología*, REGENTES DE LAS PROVINCIAS DOMINICANAS EN ESPAÑA (ed.), BAC, Madrid 2001. S. BROCK, *The Philosophy of Saint Thomas Aquinas. A Sketch*, Cascade Books, Eugene, Ore. 2015.

la expresión y, por otro, *la claridad por la profundidad del contenido* que se comunica. Las obras que criticamos son claras solo en el primer sentido. En cambio, no gozan de la claridad que irradia el *esplendor de la verdad.*

La obra que presentamos es, por decirlo así, «para todos los públicos». Su objetivo, es ser doblemente clara. Hemos buscado claridad *en la expresión.* El estilo coloquial predomina. También abundan los ejemplos de la vida cotidiana para ilustrar las ideas más importantes. No obstante, sobre todo, hemos intentado ser claros *por la profundidad del contenido.*

Esta obra está pensada para ser leída *más de una vez.* El crecimiento del lector en el conocimiento de su fe irá haciendo posible que se beneficie más en una segunda o tercera lectura.

¿Por qué centrarse en cómo Cristo amó a su Iglesia? El amor de Cristo por su Esposa es el cimiento de nuestra vocación a la santidad. Sin importar nuestro estado de vida —casados, religiosos, sacerdotes, etc.—, nuestra vocación está precedida por este amor.

Ahora bien, esta obra está dirigida especialmente a los matrimonios. Por eso, vamos a hacernos esta pregunta en particular: ¿qué significado e impacto tiene para los casados el ser *signo visible de este amor*?

La noción de «signo» es muy importante. Los signos son realidades que nos remiten a otras. Existen muchos tipos de signos. Pero ese «conducir a otro» es común a todos. Forma parte de lo propio de los signos que es «significar».

Veamos algún ejemplo. Cuando uno, mientras camina, ve humo a lo lejos; sabe que allí de donde procede hay un fuego. No importa que no vea el fuego. Lo sabe igualmente. De una manera diferente, la luz roja de un semáforo nos hace saber que tenemos que pararnos. Basta con verla para comprenderlo.

Pues bien, el matrimonio es un signo visible. Es un sacramento. Si es signo, habrá de poseer un significado. Tendrá que conducir a aquello que significa.

En efecto, cuando vemos un matrimonio católico, deberíamos vislumbrar una realidad invisible para nuestros ojos de la carne: Cristo amando a su Iglesia. Para los matrimonios católicos, esto forma parte de su *misión*. Han de ser un signo sensible del amor de Cristo por su Esposa.

No hace falta mucha reflexión para caer en la cuenta de algo muy importante. Esta misión sobrepasa todas las capacidades humanas. Seamos claros. No es algo difícil. Es, simplemente, imposible para los hombres. Pero hay una buena noticia. Para Dios todo es posible. Con su ayuda puede cumplirse esa misión. Se necesita, por tanto, la gracia divina. Para que los matrimonios católicos puedan realizar su vocación, el Señor les concede una manera peculiar de *participar en su propia naturaleza*.

Hagamos alguna aclaración sobre la *gracia*. Más adelante, trataremos el tema con más profundidad. ¿Qué significa eso de participar en la naturaleza divina? Respondamos de manera sencilla. Dios nos ofrece, de manera gratuita, su propia vida. Este don nos comunica, por decirlo así, la *manera de ser* de Dios.

Por gracia llegamos a ser *realmente* hijos de Dios en Cristo. Esta *manera de ser* nos une a Jesús. Él es el Hijo Único del Padre. El Espíritu Santo nos une a Cristo. Por eso hemos dicho «hijos de Dios *en* Cristo». Además, no solo recibimos una gracia que tiene que ver con la *manera de ser*. También nos regala Dios una gracia que tiene ver con el *modo de obrar*. Unidos a Cristo, se nos dona el *poder* de actuar como solo Él puede. Si Cristo vive en mí y yo en Él, podré amar como Él ama a su Iglesia.

4

Esta consideración nos lleva de la mano a otra cuestión importante: ¿es el sacramento del matrimonio *causa suficiente* de la gracia necesaria para ser signo de este amor divino?

Todos los lectores de este libro conocerán muchos matrimonios que se casaron por la Iglesia. Algunos son familiares. Otros son amigos. Probablemente, algunos de ellos no son matrimonios buenos o santos. Esta experiencia nos hace plantearnos con más seriedad la cuestión precedente: ¿confiere realmente el sacramento del matrimonio la gracia suficiente para ser signo de ese amor que Cristo tiene por su Iglesia?

Como tendremos ocasión de mostrar más detenidamente, la respuesta ha de ser *afirmativa*. Lo que ocurre es que debemos hacer una distinción importante. No es lo mismo tener un matrimonio *válido* que un matrimonio *bueno* y *santo*.

El matrimonio *válido* es solo el inicio de la aventura que supone el vivir como casados. No se trata de una meta o un punto de llegada. Más bien, constituye el principio de una vida. En esta vida que se emprende el día de la boda, es preciso *colaborar con Dios* para llegar a tener un matrimonio *bueno* y *santo*.

Para aclarar más esta importante cuestión de la colaboración con la gracia, podemos pensar en otro ejemplo. Todos conocemos también muchos sacerdotes. Normalmente, todos ellos han sido *válidamente* ordenados. En cambio, no todos son sacerdotes *buenos* y *santos*.

Todos comprendemos que ese «ser mal cura», que es posible, no es el resultado del sacramento del orden. Por el contrario, el sacramento confiere la gracia necesaria para alcanzar la santidad. Si no se alcanza, se debe a la falta de cooperación con la gracia recibida en el día de la ordenación. Pues bien, puede suceder algo similar con los matrimonios.

Esta reflexión nos motiva para hacernos otra pregunta muy importante: ¿cómo puede y debe cooperarse con la gracia del matrimonio para que, una vez casados, ésta se desarrolle en las almas de los esposos? Esta cuestión es de un gran valor. Su respuesta adecuada nos puede proporcionar una gran ayuda para comprender mejor el camino hacia la santidad de aquellos que Dios ha llamado a la vocación matrimonial.

Las respuestas a estas preguntas poseen un valor primordial. Pueden prestar una gran ayuda tanto a los que se preparan de manera remota, próxima o inmediata para el matrimonio, como a aquellos que ya están casados y necesitan de formación permanente.

Hemos escrito esta obra con la esperanza de que la doctrina explicada pueda beneficiar la vida espiritual de las personas que decidan leerla. Solo nos queda, para concluir esta introducción, encomendar la obra al Sagrado Corazón de Jesús, que nos amó hasta el extremo entregando su vida por nosotros cuando éramos sus enemigos.

ME AMÓ Y SE ENTREGÓ POR MÍ

Por mí y por todos

San Pablo era un judío celoso y practicante antes de su conversión. Pertenecía al grupo de los fariseos. Su nombre, por aquel entonces, era Saulo. Posiblemente, era uno de los fariseos mejor preparados de la época. Había estudiado nada menos que con el gran Gamaliel (cf. Hch 5,34–39).

Esta fabulosa preparación y su celo le llevaron a perseguir a la Iglesia naciente. Saulo conocía muy bien las Escrituras. Estas enseñan que quien cuelga del madero es *maldito* (cf. Dt 21,23).

Pablo no solo conocía las Escrituras. Las amaba. Era un hombre de gran fe en la Palabra de Dios. ¿Qué duda podía haber? Ese tal Jesús de Nazaret tenía que ser un farsante. Había muerto crucificado. ¿Cómo podría haber muerto el Mesías como un maldito? Su razonamiento parecía impecable. Si colgó del madero, era un maldito. Jesús de Nazaret no puede ser el Mesías.

Saulo era un convencido perseguidor de los cristianos. Podemos leerlo en los *Hechos de los Apóstoles*. Asistió al martirio de San Esteban (cf. Hch 7,58). No fue un mero espectador. Aprobaba esa ejecución.

Es probable que tomara parte en otras persecuciones. ¡Qué transformación obró el Señor en su conversión!¡Qué gran misericordia! Pablo nunca olvidó de donde venía. Por eso, tras su conversión, habla de sí mismo como de un aborto. Se considera el último y más indigno de los apóstoles (cf. 1Cor 15,8–9).

¿Cómo sucedió esta conversión? Él iba camino de Damasco. Cristo se le apareció. Le preguntó por qué motivo lo estaba persiguiendo a él. No dijo a los cristianos. Dijo claramente: ¿por qué *me* persigues? (cf. Hch 9,1–9).

¡Qué impacto tan grande tuvo esta pregunta para Saulo! De repente, se le abrió la mente. Mejor aún, cambió su mente. Se produjo una *conversión*[2]. Las palabras de Jesús le mostraron su gran error. Su cruzada anticristiana era una gravísima equivocación.

Saulo comprendió muchas cosas en ese momento. Jesús es el Mesías. Es un hecho. Es perfectamente posible que sea el Mesías y que haya muerto en la cruz. Cristo no conoció pecado. No era un maldito, en absoluto. Por el contrario, era el único verdaderamente inocente. Era el Santo de Dios. Los pecados que lo llevaron a la cruz no eran suyos.

Cargó con nuestros pecados. Por ellos murió como un maldito. Entregó la vida para nuestra justificación. Se sacrificó para que nosotros no viviéramos más para nosotros mismos, sino para Dios (cf. 2Cor 5, 21).

La gracia que Pablo recibió en su conversión le hizo tomar conciencia de la identidad y misión de Jesús de una manera singular. El testimonio de su experiencia nos ofrece una preciosa oportunidad para profundizar en cómo Cristo amó a su Iglesia.

¡Prestemos mucha atención al testimonio que Pablo nos da! Dice explícitamente que Cristo lo amó a él. Lo amó a él

---

[2] Véase M. SCHELER, *Arrepentimiento y nuevo nacimiento*, S. Sánchez-Migallón (trad.), Encuentro, Madrid 2007.

personalmente. Él sabe que Jesús crucificado se entregó por Pablo. En la cruz, Cristo lo amó de una manera *consciente e intencional* (cf. Ga 2, 20).

Este testimonio nos abre la puerta a una consideración maravillosa. Jesús, en la cruz, también me amó y se entregó *por mí*. Sí, en efecto, por ti que lees estas páginas.

La muerte de Nuestro Señor no solo fue por toda la humanidad *en general*. Indudablemente, murió por todos (cf. 2Cor 5, 25). Eso es completamente cierto. Pero no lo es menos que se entregó por cada uno de nosotros.

¡Queremos profundizar esta experiencia! Es la experiencia personal de Pablo, pero también es la de cada cristiano. ¿Cómo puede estar Pablo convencido de que Cristo se entregó por él? Ellos no se conocieron «según la carne» durante la vida terrena de Jesús.

Ahondar esta experiencia nos emplazará en un lugar privilegiado para desarrollar el tema de esta obra. Nos situaremos en el mismo corazón del cristianismo. Esta experiencia manifiesta la *esencia del cristianismo*, o lo que es lo mismo, su núcleo más íntimo.

Recordemos que el cristianismo no es, ante todo, un código moral. Tampoco es principalmente una cultura. Ni siquiera puede identificarse con una filosofía. Es mucho más que todo eso. Digamos que integra todo esos elementos, y otros muchos, en algo mucho más central. El cristianismo es, sobre todo, un *encuentro personal con Cristo*[3]. Es encontrarse con su amor por cada uno de nosotros. Es descubrir en primera persona su amor *por mí*.

---

[3] Véase BENEDICTO XVI, *Deus Caritas Est*, no. 1. Todas las citas del magisterio están tomadas de la página oficial del Vaticano.

Jesús de Nazaret, el Hijo de Dios hecho hombre, te amó y se entregó *por ti*. El encuentro personal con Él nos transforma. La experiencia íntima de su amor, de corazón a corazón, es lo que cambiará tu vida para siempre. Tu matrimonio será transfigurado. Alcanzará la plenitud para la que Dios lo pensó. Cristo vivirá en tu corazón. Tú vivirás en el corazón de Cristo. Y, desde ahí, podrás amar a los demás como Él te ama a ti.

El corazón del Señor Crucificado

¡Qué misterio de amor tan insondable es el corazón de Jesús! Para comprender lo que vamos a decir sobre él, es importante hacer una advertencia previa. En el contexto en el que nos encontramos, la palabra corazón tiene un significado muy preciso. No significa únicamente, ni siquiera principalmente, el órgano físico que bombea sangre.

No queremos hablar de ese órgano que nuestro cuerpo necesita para seguir viviendo en la tierra. En este caso, el corazón es una metáfora[4]. Pensemos en algunas expresiones que utilizamos. En ocasiones, decimos que alguien hizo algo «de corazón» o que algo me llegó «al corazón». En estas expresiones, la palabra corazón es una imagen que simboliza una realidad espiritual de nuestra alma.

¿Por qué usar esta palabra?¿Por qué el corazón es una buena metáfora para hablar de esa realidad espiritual tan íntima? Pensemos en el órgano físico al que se refiere propiamente esta palabra. El corazón, como órgano físico, también es íntimo. Posee un lugar central en nuestro cuerpo. Por decirlo así, es como el *centro invisible* del cuerpo humano.

Este es el meollo del asunto. La palabra corazón connota

---

[4] Véase *ST* II–II, q. 44, a. 4.

10

intimidad o *centralidad*. Por ese motivo, funciona muy bien como símbolo de lo más íntimo y central de nuestra alma. Esta metáfora pretende, simplemente, poner un nombre a lo más íntimo del alma. Esa parte del alma es la sede de los *pensamientos, decisiones* y *emociones* más íntimas. En un lenguaje menos metafórico y más técnico, esa parte del alma es la que corresponde a nuestras facultades superiores o espirituales, es decir, al *intelecto* o *mente* y a la *voluntad*.

Este uso de la palabra «corazón» no es exclusivo de la Biblia o de la tradición cristiana. Basta pensar en otras palabras de nuestro idioma que tienen su origen en la cultura clásica para caer en la cuenta.

Pensemos, por ejemplo, en la palabra «recordar». Proviene de la misma raíz que corazón. Su origen es el vocablo «*cor-cordis*». De ahí tenemos el verbo latino «*recordare*». Su etimología presupone que los pensamientos guardados se encuentran en el corazón. Traerlos al presente implica un volver a pasar por el corazón, esto es, «re-cordar».

Esta concepción del corazón como sede de los pensamientos estaba tan extendida en la antigüedad que tiene influencia igualmente en otros idiomas modernos. Por ejemplo, en inglés, «saber algo de memoria» también se dice «saber algo de corazón» («*by heart*»).

Veamos todavía otra palabra que nos muestra no solo el elemento del pensamiento, sino también el ingrediente de la voluntad en el corazón. Se trata del vocablo español «*acordar*». «Llegar a un acuerdo» significa llegar a pensar y a querer lo mismo sobre un asunto.

Esta noción está muy cerca de otra que también ilustra el uso tradicional de la metáfora del corazón, a saber, «*concordar*». Este uso está en perfecta consonancia con el significado metafórico del término en la Biblia y en la tradición cristiana.

Entendido como esta parte del alma, el corazón es como un *santuario*. Es un templo al que solo Dios y nosotros mismos tenemos acceso directo[5]. Es algo muy íntimo. De hecho, nada puede decirse más íntimo. Es lo más personal de cada quien.

Algunos autores místicos lo llaman, por este motivo, «el centro del alma» o «el fondo del alma». Es tan íntimo que ni los ángeles de la guarda, ni los demonios, ni el resto de personas humanas, pueden acceder a ese santuario. Está reservado para nosotros mismos y para Dios.

Ahora pensemos en el Sagrado Corazón de Jesús. Este nombre indica ese íntimo lugar de su alma humana. Designa ese santuario interior y espiritual donde tuvo lugar lo más hermoso y bello del sacrificio de nuestra redención.

Estamos hablando de su mente humana y su voluntad humana en cuanto que ambas están implicadas en su Pasión. ¡Miremos a este Corazón para comprender el testimonio de San Pablo! En ese corazón encontraremos el sentido de ese «me amó y se entregó por mí».

Estamos ante un gran misterio. No queremos abandonar la sencillez de la explicación. Pero tenemos que ser conscientes de la profundidad del misterio que tenemos ante nosotros. Para acompasar la profundidad deseada con la sencillez de la explicación, vamos a permitirnos alterar un feliz ejemplo del Padre Antonio Royo Marín, O.P[6].

---

[5] Véase *ST* I, q. 111, aa. 1–2.

[6] Véase A. ROYO MARÍN, *Jesucristo y la vida cristiana*, BAC, Madrid 1961.

Un Barrabás Novelado

Vamos a proponer una historia. Es algo así como una novelita breve. No faltará quien la encuentre absurda. Nadie creería que semejante ficción pudiera acontecer. Y, sin embargo, es el relato de nuestra salvación.

Había una vez un gran emperador. Tenía por impero el universo entero. Era un emperador muy particular. Amaba a sus súbditos. Sin más motivo que su corazón liberal, los consideraba auténticamente hijos.

Un día, uno de esos súbditos, un tal Barrabás, cometió un grave crimen. Su transgresión era tal que no cabía más que una sentencia. Aquel pecado no podía más que merecer la muerte.

Esa pena no podía ejecutarse sin más. Aquel gobierno era extremadamente justo. Por ese motivo, una pena tal tenía que ser aprobada por la máxima autoridad del gobierno. Tristemente, el emperador en persona tenía que aprobar dicha sentencia. Tendría que decretar la pena de muerte de Barrabás, si es que esta debiera ejecutarse.

El emperador convocó una reunión. Congregó a los grandes magistrados del imperio. Los más sabios del lugar se reunieron para aconsejarle sobre este tema. Su corazón estaba consternado. Amaba a Barrabás como a un hijo. Siempre lo había tratado como tal. El emperador se dirigió al concilio de los magistrados. Buscaba algún modo de no ejecutar la pena merecida por Barrabás. Deseaba su salvación de todo corazón.

Los magistrados fueron la voz solemne de la más exquisita justicia. Su sentir fue unánime. No podía existir duda alguna. Este particular era tan claro. El emperador poseía potestad para indultar[7].

Si así lo deseaba, el poder del gobernante consentía condonar la ofensa cometida. Si la voluntad del emperador estaba decidida, podía ser puesta por obra sin más deliberación. ¡Quien podría oponerse a la simple voluntad de semejante emperador!

Con todo, los magistrados, por amor y fidelidad a la justicia, añadieron una consideración más. No aplicar la pena también tendría sus consecuencias. ¿Cómo se vería públicamente la justicia del emperador?

Ciertamente, el simple indulto pondría claro en la plaza pública que aquel imperio tenía un gobernante misericordioso. En cambio, no estaría igualmente manifiesta su justicia. La cuestión que los sapientísimos magistrados pusieron sobre la mesa era de gran importancia. El simple indulto, ¿cumple con el rigor de la justicia?

La consternación del emperador no cesaba. Terminó la reunión. Los magistrados volvieron a sus quehaceres. La decisión, al fin y al cabo, no recaía sobre ellos. El emperador había de tomarla.

Andaba discurriendo entre sus deliberaciones cuando irrumpió su hijo amadísimo. Este era el príncipe heredero de toda la gloria del imperio. El joven amaba a su padre más de lo humanamente concebible. Conocía su corazón como el propio. Podría decirse que tenían un solo corazón. Al instante advirtió la tristeza del emperador.

Comenzó a hablarle: «Padre, ¿qué te sucede?¿por qué andas pensativo y triste?». El padre puso al día a su hijo. Le contó detenidamente lo sucedido con Barrabás. El hijo escuchaba atentamente. Como compartía el corazón de su padre, amaba al criminal en cuestión como a un hermano. Llevado por este

---

[7] Véase *ST* III, q. 1, a. 2.

amor, no tardó en reponer a la historia que su padre le había contado: «Padre, yo tengo una solución».

El emperador se llenó de entusiasmo. Le apremió para que compartiera sus pensamientos. El príncipe heredero le dijo: «Sabes que Barrabás es un hermano para mí. Deseo con todo el corazón salvarlo. Me haría muy feliz la condonación de su pena. Conozco bien tu corazón, padre. Sé que estás lleno de misericordia. Yo soy tu hijo. Tu honra es lo primero para mí. Por eso, tengo que decirte una cosa. Estoy firmemente convencido. Creo que lo más conveniente es que tu misericordia vaya de la mano con tu justicia. Han de brillar juntas. Por ti, por mí, por tus súbditos. Y existe un modo. Creo que tengo una solución. Solo es preciso encontrar alguien que se ofrezca para pagar por el crimen de Barrabás. Esta es la mejor solución. La justicia quedará patente junto con tu misericordia».

El padre contestó: «Hijo mío, tienes toda la razón. Yo también lo he pensado. Compartimos plenamente nuestro pensar y nuestro querer. Yo también conozco bien tu corazón. El rigor de la justicia quedaría satisfecho con una víctima voluntaria. Y la vida de Barrabás sería salvada. En efecto, nada sería más conveniente para todo el imperio. Pero, hijo mío, ¿quién estaría dispuesto a tomar el lugar de un criminal? Por un hombre de bien, alguien se atrevería a morir. Pero, ¿quién amará tanto a este pobre hombre?».

No había terminado de hablar el padre. El hijo no titubeó ni un instante. Se puso en pie. Respondió lleno de convicción: «Padre mío, yo seré. Sabes que te amó por encima de todo. Yo me haré cargo de la redención de Barrabás. Pagaré por su crimen. Ganaré su indulto. Mostraré tu justicia. Seré un himno público a tu misericordia. Tu gloria brillará por todo este imperio como nunca antes lo hizo. Mi sacrificio será una alabanza para ti y un cántico al amor desmedido que tenemos por los habitantes de este imperio. Tu misericordia y tu justicia se abrazarán ese día».

Somos Barrabás

Esta novelita tiene, como cualquier ejemplo que pudiéramos utilizar, sus limitaciones. Con todo, la historia nos ofrece grandes posibilidades. Es muy ilustrativa. Su punto más importante es hacernos comprender que somos Barrabás. En ese personaje ficticio, estamos reflejados todos y cada uno de nosotros. La justicia por nuestros pecados presenta claras exigencias. En rigor, lo que merecemos está claro. No es otra cosa que la muerte y el infierno.

La historia también nos muestra un punto conmovedor. Dios podría haber condonado nuestra deuda sin más. No habría faltado a la justicia. Estaría en todo su derecho. Indultarnos sin más pertenece a su potestad divina.

Dicho de una manera sencilla, tras el pecado de Adán y Eva, Dios podría haberlos interrogado sobre su arrepentimiento. Allí mismo, en ese preciso instante, podría haberles mandado ponerse de rodillas y haber absuelto por completo su pecado original. Hasta donde llega el Poder de Dios es algo que siempre trascenderá con mucho cualquier cavilación de la mente humana.

Las hipótesis sobre la infinita potestad de Dios frente al pecado de los hombres podrían multiplicarse indefinidamente. Pero sea lo que fuere de las posibilidades, atengámonos a los hechos. De facto, Dios ha querido, en su infinita liberalidad, redimirnos cumpliendo con todo el rigor de la justicia.

El Señor ha decidido mostrar su Gloria al mundo a través de la entrega de Cristo por cada uno de nosotros. Por un decreto de su infinita Sabiduría, ha dispuesto, como lo más *conveniente* para nuestra salvación, una ofrenda de amor que trasciende cualquier concepción humana de la generosidad. No existe un motivo que le pudiera obligar a ello. Lo ha hecho así porque ha querido. Dicho de un modo que alcanza a lo más hondo del corazón, lo ha hecho así porque *nos* ha querido. Nos ha redimido de esta manera porque nos ama.

Pues bien, es un hecho que Jesús de Nazaret, el Hijo de Dios hecho hombre, ha entregado su vida en rescate por cada persona humana. Lo ha hecho de una manera consciente e intencional. Él ha ofrecido sus sufrimientos. Mejor todavía, se ha ofrecido por *todos y cada uno de los pecados de todos y cada uno de los hombres* de todos los tiempos. Esta es la razón por la que podemos decir, sin dudarlo un instante, que somos ese Barrabás.

El objetivo de esta reflexión es, en realidad, muy simple. Queremos despertar la conciencia del lector a un hecho maravilloso. Este prodigio de amor ha de hacernos caer en la cuenta de la necesidad que tenemos de preguntarnos con el salmo: ¿cómo podré pagar al Señor todo el bien que me ha hecho? (cf. Sal 116, 12). Estamos ante un tema de *gratitud*[8].

Es necesario descubrirnos en Barrabás. Este es el camino para tener un encuentro personal con Cristo. Este encuentro, de corazón a corazón, con Jesús crucificado, que «me amó y se entregó por mí», hace nacer en nosotros una dinámica fundamental para toda la vida cristiana en general. También hace nacer esa dinámica, de un modo particular, en aquellos que han sido llamados al matrimonio.

---

[8] Para una explicación del rol de la gratitud en la vida de la virtud véase A. PEREZ-LOPEZ, *The Priest as a Man of Justice*, vol. 1, Tan Books, Charlotte 2017.

Encontramos muchos ejemplos de esta dinámica en la Historia de la Salvación. El Evangelio nos presenta un caso paradigmático. Recordemos a la mujer pecadora que fue a la casa de Simón el fariseo. ¿Por qué mostraba tanto amor a Jesús? Cristo mismo nos da la clave. Porque mucho se le había perdonado.

La conciencia de nuestros pecados es fundamental en nuestro encuentro con Cristo. Por su cruz nos han sido perdonados. La experiencia de esta misericordia, es decir, el encuentro con la Persona del Hijo de Dios que me amó y se entregó por mí engendra amor de gratitud en nuestros corazones. El amor recibido engendra amor. La lógica de la gratitud lleva a cumplir lo dicho comúnmente: «el amor con amor se paga».

El conocimiento no solo es imprescindible para amar. También es necesario para *acoger* el amor. Por este motivo, para poder seguir adelante con la obra que aquí presentamos, es de gran importancia tener un conocimiento un poco más profundo de este misterio central de nuestra fe. Esta es la razón por la que vamos a emprender la siguiente aventura. Nos va a exigir un rigor teológico grande. No obstante, por el inmenso valor que tiene para ayudarnos a acoger el amor de Dios, nos parece completamente necesario. Queremos adentrarnos en la misteriosa psicología de Cristo crucificado. Nuestra meta es ahondar en las palabras de San Pablo. A través de sus palabras, aspiramos a profundizar en su experiencia. Esperamos que cada lector, después de la lectura de estas líneas, pueda apropiarse más ese: «me amó y se entregó por mí».

Vamos a poner la primera premisa. Pensémoslo detenidamente. Conocimiento y amor están profundamente conectados. ¿Cómo amar lo desconocido? En efecto, hace falta un conocimiento muy especial para amar como Cristo nos amó en la cruz. ¿Quién es Jesús?¿es simplemente un hombre bueno?

Un persona humana jamás podría haber llevado a cabo ese sacrificio de amor que nos ha redimido.

Verdadero Dios y verdadero hombre

Jesús de Nazaret *no es una persona humana*[9]. Algún lector quedará sorprendido por la afirmación. Pero no cabe ninguna duda al respecto. Esta es una verdad inequívoca de fe. Cristo es una *Persona Divina*. En efecto, siendo una Persona Divina ha asumido una *naturaleza humana*. La fe nos enseña que Jesús es verdadero Dios y verdadero hombre. En consecuencia, no puede extrañarnos que Nuestro Señor experimente su humanidad de una manera especial.

Hemos dicho que Cristo nos amó en la cruz. Lo hemos afirmado claramente. Nos amó, en expresión común, por nombre y apellidos. Se entregó por cada uno de nosotros de una manera personal. Hemos usado anteriormente la expresión «consciente e intencional» para tratar de manifestar esta verdad.

Caigamos en la cuenta de algo muy importante. Un simple hombre no puede llevar a cabo semejante entrega. No queremos ahora explicar porque solo una Persona Divina podía pagar en justicia la deuda de nuestros pecados. Intentamos centrar la atención en el conocimiento y el amor necesarios para comprender fielmente las palabras de San Pablo.

Comprender este amor presenta algunos requisitos. Es necesario darse cuenta de que la humanidad de Jesús ha sido creada por Dios con el propósito definido de ser unida personalmente a la Segunda Persona de la Santísima Trinidad como *instrumento de salvación*.

---

[9] Véase T. J. WHITE, *The Incarnate Lord. A Thomistic Study in Christology*, Catholic University of America Press, Washington 2015.

Profesamos en el Credo que el Hijo se encarnó por nosotros y por nuestra salvación. No perdamos de vista que Dios ha preparado la humanidad de Nuestro Señor para una misión muy especial. Con toda seguridad, ha de tratarse de una humanidad muy singular.

Nos parece importante hacer algunas aclaraciones. Lo que diremos sobre la humanidad de Jesús no nace de un deseo románico. No se trata de que queramos afirmar que Jesús es un hombre perfectísimo por el simple hecho de que es el Hijo de Dios encarnado. Las razones de las siguientes afirmaciones son más que eso. Se fundan en el carácter redentor de la Encarnación del Hijo.

Jesús tiene una misión. Su humanidad ha de ser un *instrumento* apto para ella[10]. Tiene que estar proporcionada con su propósito. Debe poseer las capacidades necesarias para cumplir su misión. *Todas* las gracias que los hombres recibimos en la actual economía de la salvación han sido merecidas por Cristo y nos llegan *a través de su humanidad*[11].

Esta humanidad de Jesús estaba llena de gracia y de verdad. De su plenitud todos recibimos gracia tras gracia (cf Jn 1,16). Solo teniendo esto en cuenta, podemos atisbar en el misterio cómo es su amor por cada uno de nosotros.

Hemos dicho que Saulo de Tarso no se cruzó en su vida terrena con Jesús de Nazaret. No obstante, también hemos afirmado que Cristo pensó en él, en sus pecados personales, en

---

[10] Véase P. GONDREAU, *The Humanity of Christ, the Incarnate Word*, in R. V. NIEUWENHOVE – J. WAWRYKOW (eds.), *The Theology of Thomas Aquinas*, University of Notre Dame Press, Notre Dame 2005, pp. 252–276.

[11] Véase M. ARMITAGE, *Obedient unto Death, Even Death on a Cross: Christ's Obedience in the Soteriology of St. Thomas Aquinas*, «Nova et Vetera, English Edition», 8/3 (2010), pp. 505–526.

su persecución contra la Iglesia, etc. Conocía su corazón. Lo amó personalmente. Se ofreció como sacrificio por sus pecados. Se entregó por su salvación. Pero, ¿qué tipo de conocimiento exige semejante acto?

Este tema es harto complicado. El conocimiento de la Persona del Hijo en la Pasión es misterioso. La teología nos ayuda a captar un poco del misterio. Vamos a ofrecer aquí un resumen simplificado de la mejor sabiduría teológica que conocemos. Expondremos tan solo lo que consideramos suficiente para los propósitos de esta obra.

La ciencia humana natural del Señor

¿Cómo es el conocimiento de Jesús de Nazaret? Intentemos responder a esta cuestión de manera sencilla pero profunda. Esta explicación nos va a ayudar a ir entendiendo progresivamente cómo es su amor por cada uno de nosotros en el momento de su entrega en la cruz.

Jesús es hombre verdadero. Esto es lo primero que vamos a decir. Como todo hombre, poseía una *ciencia humana natural y adquirida* de la realidad[12]. ¿Qué quiere esto decir? Jesús, como cualquier niño, aprendió a leer, a caminar, el oficio de carpintero, etc.

La Biblia nos dice que iba creciendo en sabiduría (cf. Lc 2, 52). Este tipo de conocimiento es el más fácil de entender para nosotros. Lo experimentamos cada día. Nosotros también conocemos de esta manera las cosas ordinariamente. Compartimos esta ciencia, a nuestro modo, con Nuestro Señor. Pues bien, vamos a reflexionar un poco más sobre la naturaleza de este conocimiento.

---

[12] Véase *ST* III, q. 9, a. 4 y q. 12, aa. 1–4.

Los hombres somos *animales racionales*. Poseemos sensibilidad. Sin embargio, también tenemos un conocimiento de la realidad que trasciende la experiencia sensible y particular de nuestros sentidos. Digámoslo así, el conocimiento humano se apoya en la experiencia. Parte de ella, pero va más allá. La trasciende. Llegamos a tener ciencia sobre la realidad. Eso es tanto como decir que conocemos las causas de lo que experimentamos.

Vamos a poner algún ejemplo para clarificar un poco estas afirmaciones. La experiencia puede decirnos muchas cosas. Pongamos por caso que tengo experiencia de que esta determinada infusión de hierbas ayuda a hacer la digestión. ¿Cómo sabemos eso? Es simple. Por algo que nos ha ocurrido muchas veces. He tenido malas digestiones y esas infusiones siempre me han ayudado. Esta experiencia no es todavía ciencia. Para alcanzar esta última, tenemos que reflexionar.

La ciencia requiere conocimiento de las causas. Por reflexión, pensando las cosas bien, puede uno llegar a conocer qué son esas hierbas, cual es su fórmula o esencia, cuáles son sus propiedades esenciales, por qué son capaces de ayudar a hacer la digestión, etc.

Cuando alcanzamos ese conocimiento hemos trascendido la experiencia particular. Poseemos ahora una ciencia universal. Ese conocimiento es comunicable a otras personas. Ellos no han tenido las mismas experiencias que yo con esas hierbas. Con todo, pueden entender la explicación sobre las mismas. En adelante, cuando tengan problemas digestivos, tendrán la certeza de que tomando esa infusión mejorarán.

Cuanto más lo pensamos, más maravillosa se nos presenta la capacidad humana para el conocimiento intelectual. Esta obra admirable del conocimiento humano es posible, precisamente, por la luz de la inteligencia[13]. Esta nos permite iluminar en las cosas sensibles particulares aquello que es esencial. De esta manera, podemos descubrir sus causas.

Ahora hemos de caer en la cuenta de otro hecho importante relativo al conocimiento humano. La relación entre la sensibilidad y la inteligencia es bidireccional. No se trata solo de que nuestro conocimiento parte de los sentidos para alcanzar ciencia intelectual. Además, lo que hemos conocido con la inteligencia también tiene su influencia en nuestra manera de experimentar la realidad. Esta relación bidireccional entre ciencia y experiencia nos dice mucho sobre la percepción humana en la vida ordinaria.

Hemos dicho que Jesús era verdaderamente hombre. Consecuentemente, también poseía esta luz de la inteligencia para comprender lo que experimentaba con su sensibilidad. De un modo semejante a cualquiera de nosotros, partiendo de su experiencia, podía captar lo esencial de la realidad así como sus causas, o dicho de una manera sencilla, los porqués y paraqués de las cosas.

La experiencia humana no solo es un punto de partida para un conocimiento de grado superior. Posee un valor propio. Como modo de conocimiento, tiene una categoría particular que no se deja reducir a otro modo de conocer.

Vamos a ofrecer otro ejemplo que clarifique un poco más ese carácter específico o peculiar de la experiencia como conocimiento humano.

Imaginemos un hombre apasionado de las ciencias empíricas, un científico que hubiera consagrado su labor de investigación al conocimiento del fuego. Pongamos, incluso, que fuera el hombre que más ciencia sobre el fuego hubiera adquirido sobre

---

[13] Véase A. LLANO, *Gnoselogía*, EUNSA, Pamplona 1991.

la faz de la tierra. Pero, a pesar de todas sus investigaciones, nunca ha padecido una quemadura.

La primera vez que dicho científico se quema la mano conoce el fuego de un modo diferente a como lo había conocido hasta entonces. Su conocimiento científico era portentoso. Pero, con todo, la nueva experiencia no puede reducirse a ese conocimiento. Es una manera diversa de conocer.

Nuestro Señor iba creciendo en esta manera de conocer la realidad. Como cualquier persona humana fue viviendo experiencias por primera vez. El resto de maneras de conocer que poseía no suponen una interferencia para esta realidad. Como hemos explicado, los diferentes modos de conocer poseen su propia especificidad, de modo que pueden complementarse enriqueciendo la vida interior del sujeto que conoce.

Volvamos ahora al momento que queremos explicar. Estamos ante Cristo crucificado. Queremos comprender cómo «me amó y se entregó por mí». De lo dicho hasta ahora, se desprende una clara conclusión.

Si Jesús hubiera poseído únicamente ciencia humana natural adquirida, no podríamos aceptar esa afirmación en sentido propio. Podríamos decir que Cristo pudo ofrecer su sacrificio por las personas con las que convivió. Habría podido conocer y amar a un número limitado de hombres, tales como, su madre, San José, los apóstoles, etc.

Podríamos, incluso, decir que podría haberse ofrecido por la humanidad en general. Efectivamente, la inteligencia bien puede formar esta idea. Pero, de ninguna manera, podría haberse entregado de manera consciente e intencional por cada uno de los hombres y mujeres de todos los tiempos. Ese conocimiento humano natural y adquirido no basta para semejante acto de amor.

La ciencia infusa de Jesús

La siguiente ciencia de Jesús que vamos a considerar es un poco más complicada de comprender[14]. Hemos dicho anteriormente que la humanidad del Señor es perfectísima. El motivo de su grado de perfección es la misión que cumple en la Historia de la Salvación.

La Encarnación del Hijo tiene, de hecho, un propósito claro, a saber, nuestra salvación. Por eso, Dios ha creado la humanidad de Jesús como *instrumento perfecto* de nuestra redención. No importan demasiado aquí los debates sobre cómo podrían haber sido las cosas si Dios hubiera elegido otra manera de salvarnos. Por un decreto de su infinita Sabiduría, ha elegido la Encarnación redentora del Verbo.

En esta misión redentora, podemos considerar como dos planos de mediación de la humanidad de Jesús. Cristo es el único mediador entre Dios y los hombres. No cabe un mediador más adecuado. Es verdaderamente Dios y perfectamente hombre. Pues bien, decimos que nuestra salvación la ha merecido Cristo. Esta sería como una línea *ascendente* de su mediación.

En su humanidad, Nuestro Señor se ha ofrecido en sacrificio para nuestra redención. Él ha *merecido* la gracia que nos comunica. Para nosotros es gratis. En cambio, Él ha pagado un alto precio. Se la ha ganado en rigurosa justicia para que nosotros la podamos disfrutar en la más absoluta misericordia gratuita.

Ahora bien, para que nos alcance esa gracia merecida es

---

[14] Véase *ST* III, q. 9, a. 3.

necesario que nos sea comunicada. Pues bien, la humanidad de Cristo también es el instrumento de esa comunicación. La voluntad de Dios es que todos los hombres se salven y lleguen al conocimiento de la verdad (cf. 1Tim 2, 4).

Como vemos, la verdad es un punto capital de la salvación. Lo es de tal manera que Jesús resume su misión haciendo alusión a ella. Él mismo nos dice que ha venido al mundo para *una* cosa. Cristo ha venido para *dar testimonio de la verdad* (cf. Jn 18,37).

Nadie tendrá por extraña la siguiente afirmación. Para dar algo es preciso poseerlo primeramente. No puede ser de otra manera. Nadie da lo que no tiene.

Visto desde este punto de vista, parece muy comprensible que Jesús estuviera lleno de gracia y de verdad. No olvidemos que de su *plenitud* recibimos gracia tras gracia (cf. Jn 1,16).

Jesús ha de poseer la gracia en toda su plenitud. Él es la Cabeza de la Iglesia. Su gracia recibe por eso el nombre de *gracia capital*. El Espíritu Santo comunica la gracia al Cuerpo de Cristo que es la Iglesia. No obstante, la gracia que comunica es *gracia de Cristo*. Se derrama desde la Cabeza a los miembros, por decirlo así. Y el instrumento de esta comunicación es la *humanidad* de Cristo.

Este razonamiento nos hace comprender mejor lo que denominamos la *ciencia infusa* de Jesús. La humanidad de Cristo está llena de verdad. Posee tanto un conocimiento infuso perfecto de todas las realidades como una total receptividad a las mociones del Espíritu Santo[15].

Por este motivo, Jesús posee los dones del Espíritu Santo en la máxima plenitud que un hombre los puede tener. Precisamente,

---

[15] Véase *ST* III, q. 11, aa. 1–6.

de esa plenitud podemos recibirlos aquellos que formamos su cuerpo místico. No hay don o gracia que veamos en la vida de un santo que Cristo no haya tenido de un modo más pleno.

Como dijimos, no se trata de un deseo romántico de afirmarlo como el hombre *perfectísimo* porque sí. La cuestión es más profunda. Si no fuera así, no podrían proceder dichos dones o gracias de Él. Por tanto, no sería el *único mediador* entre Dios y los hombres.

El propósito de esta reflexión no es discutir los pormenores de la ciencia infusa de Cristo. Tratamos, más bien, de explicar esa bella afirmación: «me amó y se entregó por mí». Por formidable que nos parezca la ciencia infusa de Cristo, tampoco consigue explicar ese acto de amor consciente e intencional por cada hombre. Esta consideración basta para nuestra meditación. Para comprender cómo Jesús se ha hecho cargo de todos los pecados en la cruz tenemos que explicar otro tipo de ciencia de Cristo.

La visión beatífica de Cristo

La última ciencia humana de Cristo que vamos a explicar es la que los teólogos denominan «visión beatífica»[16]. Jesús es el testigo fiel (cf. Jn 1,18). Él nos habla de lo que *ve* donde el Padre (cf. Jn 8,38). Su testimonio no se funda en el testimonio de nadie más. Él es el *Revelador* de Padre. Es precisamente *su testimonio* lo que hace posible la *fe*.

El mismo nombre técnico de esta ciencia nos da muchas pistas sobre su naturaleza. Se trata de un conocimiento muy particular. Es el que tienen los santos que ya están en el Cielo. Este conocimiento consiste en ver a Dios y gozar de Él.

---

[16] Véase *ST* III, q. 9, a. 2.

27

Obviamente, no puede significar esto un *ver* con los ojos de la carne. Es una visión espiritual. El apóstol San Juan nos habla de este conocimiento en su epístola: «Queridos, ahora somos hijos de Dios y aún no se ha manifestado lo que seremos. Sabemos que, cuando se manifieste, seremos semejantes a él, porque le veremos tal cual es» (1Jn 3, 2).

Jesús *ve* la Esencia Divina con su mente. La ve de una manera *intuitiva y facial*. La contempla directamente sin mediación alguna[17]. ¿Qué quiere decir esto? Tenemos que decir alguna cosa sobre la naturaleza del conocimiento humano ordinario para comprender el significado de estos adjetivos que acompañan a la visión de los bienaventurados.

Cristo no *ve al Padre mediante una representación mental*. La visión que tiene de la Esencia Divina no está mediada por lo que la filosofía llamada «especie intencional»[18]. O dicho de otra manera, Nuestro Señor no conoce a su Padre haciéndose una idea humana de quien pueda ser. Este conocimiento de su Padre es un conocimiento *humano* porque reside en la mente de Cristo. Sin embargo, no consiste en encerrar la Divina Esencia en un concepto humano o idea. Como se ve, esta cuestión puede resultar compleja. No obstante, vamos a intentar poner algunos ejemplos que nos ayuden a comprenderla siquiera someramente.

Volvamos al conocimiento humano *ordinario* de las cosas. Los hombres entendemos la realidad que nos rodea. Comprendemos lo que es una mesa, una silla, un árbol o un gato. Esta inteligencia de las cosas requiere que *nos formemos una idea* de ellas. A través de esa idea o concepto es como

---

[17] Véase *ST* III, q. 10, aa. 1–4.
[18] Véase A. LLANO, *El enigma de la representación*, Síntesis Editorial, 2000.

conocemos las cosas en realidad.

Para captar mejor lo que queremos decir podemos comparar el *entender* con el *conocimiento sensible*. Los sentidos también requieren de una *mediación* para conocer. Yo veo la mesa que está frente a mí. Pero, si lo pienso detenidamente, la veo a través de una imagen que en mis ojos se forma de ella.

No cabe ninguna duda en mi experiencia ordinaria de que yo percibo la mesa que está delante de mis ojos. En cambio, la reflexión sobre esta percepción originaria nos muestra la necesidad de una mediación que no advertimos espontáneamente.

Salvando las distancias, sucede de una manera semejante cuando entendemos. Nos hacemos ideas o conceptos mentales de las cosas que conocemos. En efecto, son las cosas reales *lo que* conocemos*, pero lo hacemos a través de esas ideas*.

Solo cuando reflexiono sobre la manera humana de entender es cuando me doy cuenta de existen esos «mediadores silenciosos» que son los conceptos o ideas[19].

Es útil ahora hacernos una pregunta: ¿por qué no advierto esas ideas o conceptos en primera instancia cuando entiendo algo?¿por qué hacen su papel sin que les prestemos atención?¿cómo es eso posible? La respuesta es sencilla. Esas ideas tienen la naturaleza de un *signo*.

Lo propio de los signos no es llamar la atención sobre sí mismos. Lo suyo es significar, es decir, llevar la mente de quien los percibe a su significado.

Pues bien, la mente humana *casi siempre* conoce a través de

---

[19] Véase A. MILLÁN-PUELLES, *Fundamentos de filosofía*, Ediciones Rialp, Madrid 2001.

esos signos. ¿Por qué decimos casi siempre? Porque podemos pensar al menos un caso de conocimiento intelectual no mediado por una *especie intencional, concepto o idea*. Obviamente, no estamos hablando ahora de la visión beatífica. Esa es la realidad que queremos comprender mejor.

El caso que tenemos en mente es la conciencia que todos tenemos de nuestra propia existencia[20]. Dicha percepción de nosotros mismos nos se da por la mediación de una idea. Su razón más profunda de ser se encuentra en la espiritualidad específica del alma humana.

Explicar estas condiciones nos llevaría demasiado lejos. Vamos simplemente a comprobar en la experiencia el carácter *inmediato* de esta percepción.

Esta autoconciencia tiene carácter *existencial*. ¿Qué quiere decir eso? Esta percepción consiste en un cierto «darse cuenta» de uno mismo que acompaña a toda nuestra vida *consciente*. No obstante, ese darse cuenta no consiste en un conocimiento esencial de las cosas. Tampoco sucede a través de un concepto o un especie intencional. No se trata de formarse una idea de nosotros mismos o de nuestras actividades conscientes.

Siempre que estamos despiertos nos damos cuenta de que vivimos, percibimos, pensamos, queremos o sentimos. En cambio, no todos podemos dar una respuesta precisa a las preguntas: ¿qué es la existencia?¿qué es la vida?¿qué es percibir?¿qué es pensar?¿qué es querer?¿qué es sentir?

Para responder a estas preguntas necesito reflexionar sobre mi propia experiencia y hacerme una idea clara de cada una de esas realidades. Tengo una experiencia sobre la que reflexionar,

---

[20] Véase I. PEREZ LOPEZ, *La teoría de la conciencia de Antonio Millán-Puelles y Karol Wojtyła. Un estudio comparativo*, EDUSC, Roma 2017.

precisamente, porque aquellas vivencias son *conscientes*.

Como se ve, la conciencia existencial es un punto de partida para el *autoconocimiento*, es decir, para hacerme una *idea* de quien soy yo. Lo que nos interesa es identificarla como *una experiencia* de lo que significa un conocimiento *sin mediación de una especie intencional*.

La visión beatífica es un conocimiento intuitivo y facial de Dios. Sucede también sin mediación de una especie mental. Pero, mientras que la conciencia existencial es un mero punto de partida, en la visión de la que hablamos *conoceremos como somos conocidos* (cf. 1Cor 13, 12).

No consistirá ese conocimiento en que nos haremos una *idea* de Dios. Nuestra mente tendrá un *contacto directo* con la Esencia Divina. Lo *veremos cara a cara*. Lo conoceremos *tal cual es*.

No hay teología que pueda compararse a este saber. Dios es siempre, por necesidad, más grande que las *ideas humanas*. En ocasiones, la fe produce una cierta oscuridad en nuestra mente por este preciso motivo. Nos une a Dios en cuanto verdad. Sin embargo, Dios no puede ser encerrado en una representación mental. En ese caso, por un exceso de luz, quedamos *cegados*.

Un caso en la historia de la Iglesia que ilustra este punto de una manera muy elocuente es el de Santo Tomás de Aquino. Fue este el más santo entre los sabios y el más sabio entre los santos[21]. Pues bien, en una experiencia mística tuvo *una visión del cielo*. La consecuencia no se dejó esperar. Le pareció que todo lo que había escrito era paja.

Con esto no queremos desmerecer a la teología. La teología es

---

[21] Véase G. K. CHESTERTON, *Saint Thomas Aquinas*, Image Books, New York 2014.

31

auténtico conocimiento. Posee un gran valor. Pero, en comparación con la visión de Dios, es un saber muy inferior.

Ahora pensemos detenidamente. Jesús, en su vida terrena, gozó de esta *visión*. Insistimos en que no pretendemos predicar todas las perfecciones que se nos ocurran de la humanidad de Jesús por un simple deseo romántico. Es la Revelación la que nos mueve a hacerlo con la mejor tradición teológica de la Iglesia[22].

La misión del Redentor justifica esta predicación. Nuestro Señor es el testigo fiel que revela al Padre. Su revelación no se apoya en el testimonio de nadie, sino en lo que *ve*. Es más, todas las gracias intelectuales que cualquier cristiano pueda recibir, en esta vida o en la otra, son *una participación en la mente de Jesús*.

Por último, sabemos que Nuestro Señor está llamado a ser el *Juez Universal*. ¿Cómo podría llevar a cabo esta misión sin este saber? Jesús ha recibido esta potestad. Lo afirma Él mismo (cf. Mt 16, 27; 25,31; 2Tim 4, 1).

Este último punto nos permite conectar directamente con nuestros propósitos. Arroja una luz maravillosa a esa afirmación de San Pablo que queremos comprender en todo su *realismo*. Por la visión beatífica, Cristo no solo *ve al Padre*. De una manera semejante a los santos que ahora están en el cielo, Jesús pudo *vernos en Dios*.

En la Esencia Divina, veía a todos y cada uno de los hombres por cuyos pecados personales se entregaba. Conocer como somos conocidos por Dios supone una participación en la Sabiduría de Dios que permite mirar desde la eternidad de Dios

---

[22] La afirmación de la vision beatífica de Cristo en su vida terrena desde el momento de su concepción forma parte del Magisterio ordinario de la Iglesia. Véase Pío XII, *Mystici Corporis*, no. 34.

las realidades creadas. La mente humana del *Juez Universal* posee con cada persona humana una conexión singular.

Conviene hacer alguna precisión. En primer lugar, lo dicho no significa que la mente humana de Cristo conozca todo lo que Dios conoce. La humanidad de Jesús es una criatura. Su mente no puede contener la infinita potencia de Dios.

En segundo lugar, la visión de la que hablamos es *intelectual*. Eso significa que no puede concebirse como una suerte de imaginación sensible. Solo en el cielo podremos experimentar cómo *veremos a Dios* y como nos *veremos entre nosotros en Dios*.

Hechas estas precisiones, tenemos que decir que este modo de conocer sí parece poseer la capacidad de explicar ese «me amó y se entregó por mí» de San Pablo en toda su profundidad. Nunca meditaremos lo suficiente sobre este misterio.

Estábamos *presentes* en el Sagrado Corazón de Nuestro Señor crucificado. Nos vio y nos amó *personalmente* a cada uno. Esta meditación nos ayuda mucho a *sabernos en cierto modo contemporáneos* de Jesús en cada una de nuestras decisiones.

La ciencia divina

Terminada la exposición de las ciencias humanas de Cristo, tenemos ahora que abordar su Ciencia Divina. No cabe duda. Esta Ciencia cumple todos los requisitos para que Cristo nos conociera y amara a cada uno individualmente. No podemos olvidar que Jesús no es solo verdadero hombre. Es, también, verdadero Dios. Pues bien, Dios no posee un Intelecto Divino, sino que lo *es*.

Somos conscientes de la reacción que esta última afirmación puede provocar. Parece extraña. Por ese motivo, merece algunas pequeñas aclaraciones. Hacerse una idea de cómo es Dios y sus perfecciones es la tarea más noble, elevada y complicada que puede existir para el entendimiento humano. Intentaremos exponer esta cuestión con la máxima sencillez que podamos.

Cristo es verdaderamente Dios. Es una Persona Divina. La Segunda Persona de la Santísima Trinidad que se ha hecho hombre por nosotros y por nuestra salvación. Ahora bien, Dios es inmutable. Eso quiere decir que no puede cambiar.

Pensémoslo bien. Si dijéramos que Dios puede cambiar, simplemente, estaríamos diciendo que no es Dios. Un «Dios» que cambia no sería Dios. Sería un ser extraordinario. Todo lo extraordinario que se quiera imaginar, pero, en ningún caso, Dios.

Un ser que cambia puede hacerlo para mejor o para peor. Un cambio que nos mantiene iguales es un contrasentido. Sería como un cambio que no cambia nada. La cuestión es que si Dios pudiera cambiar para mejor, resultaría que era un ser completamente perfecto. Cambiar para mejor implica adquirir una perfección que no se tenía. Ese cambio consiste en un perfeccionarse.

Por el contrario, si un ser puede cambiar para peor también es porque no era completamente perfecto. Y, en cualquier caso, tras el cambio ha llegado a ser imperfecto. Por el contrario, Dios no puede ser imperfecto. Como hemos dicho, imaginar un ser extraordinario pero imperfecto no es alcanzar la idea de quien es Dios.

Dios es perfecto e inmutable. Eso está clarísimo. Por este motivo, Dios no tiene un Intelecto que se va perfeccionando progresivamente. La experiencia humana nos ayuda a entender la Ciencia Divina, pero tiene que ser purificada. Los hombres experimentamos que «entender» es algo que *podemos* hacer. Sin embargo, no es algo que *siempre* estamos haciendo.

El entender humano es distinto de su ser o existir[23]. Por ejemplo, cuando uno duerme no entiende nada precisamente porque está dormido. Por lo demás, a lo largo de nuestra vida, vamos aprendiendo cosas nuevas. Eso quiere decir que no solamente no entendemos continuamente, sino que nuestro entendimiento se va perfeccionando progresivamente.

Dios entiende, pero de una manera mucho más perfecta. Él nunca deja de entender. Por decirlo así, nunca duerme. En Él no hay distinción real entre su ser y su entender. Dios tampoco aprende. Nada hay que escape a su Sabiduría. Mirándose a Sí mismo conoce todo lo real y posible en una sola mirada que es idéntica con su Ser. Dios es la Verdad. Su Ser coincide con su Omnisciencia. Por decirlo de alguna manera más sencilla, cuando Él se conoce, lo conoce todo.

La teología nos enseña, además, que la Segunda Persona de la Santísima Trinidad es la Sabiduría de Dios *en Persona*. Él es el *Verbo* de Dios. En su Verbo, Dios se conoce a Sí mismo. Es la *Idea Personal* que Dios se forma de Sí mismo. En Él, también conoce Dios las infinitas maneras en que Él mismo puede ser imitado por cualquier criatura real o posible.

Muchas más cosas podrían decirse sobre la Ciencia Divina, pero estas son suficientes para podamos entender mejor el tema que nos ocupa.

Teniendo presente todo lo dicho, subrayemos ahora que la Encarnación no hace que el Hijo de Dios deje de ser Dios. Eso sería completamente absurdo. Por tanto, tenemos que decir sin dudar un instante que, con su Ciencia Divina, Jesús lo sabe

---

[23] Véase *ST* I, q. 77, a. 1.

todo.

Su Divina Sabiduría conoce todo lo que *es, pudo ser y será*. Conoce todas nuestras acciones y pensamientos. Nuestro corazón no es misterio alguno para su mirada. Lo conoce del modo más íntimo que puede ser conocido. Conoce lo que podríamos haber hecho y no hicimos. Sabe el grado de gloria para el que estamos destinados desde toda la eternidad. Conoce nuestra más íntima razón de ser.

Con amor eterno yo te amé

No tenemos duda alguna. Jesús de Nazaret nos ha conocido y amado uno por uno en cuanto verdadero Dios. Además, como hemos mostrado, también nos conoció y amó humanamente gracias a la visión beatífica. Ahora podemos preguntarnos: ¿Qué importancia tiene que Jesús pueda conocernos también humanamente?¿Acaso no es Dios el que salva?¿Por qué puede ser importante que nos redima de una u otra manera?

La primera respuesta es simple. Es importante por *amor a la verdad*. Dios podía haber hecho las cosas de otra manera. No nos cabe duda alguna sobre la potencia infinita de Dios[24]. No obstante, ha elegido la Encarnación Redentora. Le ha parecido la manera más conveniente en su infinita Sabiduría[25].

La teología nos enseña, *explicando* la fe, que Dios eligió salvarnos *a través de la humanidad de Cristo*. Su humanidad es como el instrumento de nuestra salvación. Pues bien, darse cuenta de cuál es el instrumento de nuestra salvación de la máxima importante. ¿Por qué? Sencillamente, porque los instrumentos imprimen semejanza en sus efectos.

---

[24] Véase *ST* I, q. 25, aa. 1–6.
[25] Véase *ST* III, q. 1, a. 1.

Vamos a pensar un ejemplo que ilustre esta afirmación. Imaginemos una persona que escribe una carta. La carta es algo hecho por esa persona. Es su efecto. Refleja el mensaje que aquella quiere transmitir. Ahora bien, ¿es lo mismo escribir la carta con un lápiz o con una pluma?¿da igual escribirla con la mano izquierda que con la mano derecha?

Si lo pensamos bien, es la persona quien escribe la carta, pero lo hace con su mano y su pluma estilográfica. Ambas son instrumentos. Y estos instrumentos tienen mucha importancia para comprender la naturaleza de esa carta. Han dejado en ella su *huella*. La carta, por así decirlo, está marcada por la semejanza impresa en ella por estos instrumentos.

Apliquemos el ejemplo a la salvación que viene de Cristo. Los instrumentos que Dios ha elegido para redimirnos son muy importantes para comprender la naturaleza de la vida cristiana. La salvación imprime en los cristianos que la acogen una semejanza de esos instrumentos.

En particular, la humanidad de Nuestro Señor imprime en nosotros su semejanza cuando somos redimidos. La gracia nos conforma con la humanidad de Cristo. Por eso, cómo el Señor nos ha conocido y amado tiene una repercusión decisiva en nuestra vocación cristiana, es decir, en la manera en que nosotros estamos llamados a conocer y amar.

Ahora se entiende mejor la importancia de lo dicho. Jesús me conoció y amó no solo porque era verdadero Dios sino también en cuanto verdadero hombre. No solo murió «por nosotros» como un conjunto general de personas. No solo entrego su vida por la humanidad en general. Eso es cierto. No obstante, me amó a mí personalmente.

Nos amó a cada uno. Pensando en mí dijo en la cruz: «¡Padre!¡perdónalos porque no saben lo que hacen!». Puedo orar ante Cristo crucificado escuchando sus *siete palabras* dirigidas a mí. Es más, cada acción humana de Cristo tiene un significado para cada uno de nosotros. Su vida humana posee un valor y un significado que trasciende el tiempo.

Las acciones de Cristo nos tocan a cada uno a través de los Sacramentos. Los siete Sacramentos son como *una prolongación de la humanidad de Jesús a través de su Cuerpo Místico que es la Iglesia*. Eso que Cristo hizo en la cruz me alcanza a mí de una manera personal en la Eucaristía[26]. Me toca íntima y personalmente. No sucede de una manera metafórica. Acontece de manera sacramental. Es una realidad. No se trata de un mero recuerdo. Somos realmente contemporáneos de Nuestro Señor a través de la celebración de los Sacramentos. Es un *contacto* real.

Pues bien, la Santa Misa ilustra de una manera singular la idea que queremos explicar en todo este capítulo. Cuando participamos de este Sacramento de la Caridad, Cristo se nos entrega a todos de una manera *individual*. Por decirlo de alguna manera, se entretiene con cada uno de nosotros.

En este misterio encontramos tanto el cumplimiento como la manifestación de lo dicho por Dios a través del profeta Jeremías: «con amor eterno yo te amé, por eso he reservado gracia para ti» (Jer 31, 3).

Cristo se sacrificó por nosotros. Es importante hacer algunas consideraciones en torno a esta idea. El sufrimiento de Cristo es, entre otras cosas, una muestra elocuentísima de su amor por nosotros[27]. Seamos claros. El valor de su sacrificio no procede del dolor. No puede decirse que el sufrimiento sea lo más

---

[26] Véase L. FEINGOLD, *The Eucharist. Mystery of Presence, Sacrifice, and Communion*, Emmaus Academic, Steubenville, Ohio 2018.

[27] Véase *ST* III, q. 46, a. 5.

sustancial de esa ofrenda. Su valor procede, en cambio, del amor con que Jesús se ha entregado. Pero, como hemos dicho, el dolor nos habla de su amor.

Para que podamos comprender y acoger más el amor de Cristo, vamos a hacer una pequeña meditación sobre la Pasión. Jesús ha experimentado el mayor de los sufrimientos *por mi salvación*. No ha habido ni habrá un corazón humano que ame más. Tampoco lo ha habido ni habrá que pueda sufrir más.

La Pasión de Nuestro Señor acarreó grandes penas físicas. Leamos los Evangelios con detenimiento. Hagámosnos una idea los padecimientos corporales de Jesús. Es importante contemplar los hechos en toda su realidad. En este caso, la cruda realidad de los dolores físicos nos abren una ventana al Corazón de Nuestro Señor.

Este no es el único dolor de Cristo. Además de los padecimientos físicos, existe un dolor de carácter más psicológico y moral[28]. Este es más difícil de comprender para nosotros. La Pasión de Nuestro Señor se extiende por su interioridad. Será fructífero detenernos en este punto para nuestra meditación.

Cristo siempre vivió unido a su Padre (cf. Jn 10,30). No puede pensarse una *dulce intimidad* más profunda. Ni siquiera en su Pasión, cesó esta unión. En el orden del ser, la separación sería *metafísicamente imposible*.

Cristo y el Padre *son* uno. Tampoco cabe, en el orden *psicológico*, pensar que Jesús dejara de ver a su Padre. Su entendimiento nunca quedó privado de la visión beatífica. Con todo, lo que sí cabe decir, es que en las regiones más elevadas

---

[28] Véase P. GONDREAU, *The Passions of Christ's Soul in the Theology of St. Thomas Aquinas*, University of Scranton Press, Scranton 2009.

de su afectividad dejó de *sentir* esa unidad.

Puede decirse, incluso, que la oscuridad de la Pasión alcanzó hasta lo que denominan los filósofos la *razón inferior*[29]. Este padecimiento de Nuestro Señor posee para nosotros un carácter misterioso.

Con lo que hemos explicado hasta aquí, también podemos comprender que Cristo pudo ver el odio hacia su Persona ínsito en todos y cada uno de los pecados de todos y cada uno de los hombres. Pero, ¿cuál es la razón para asumir este padecimiento?¿Cuál es el motivo para cargar con todo el pecado del mundo?

La respuesta toca lo más profundo de nuestro corazón. Ese motivo no es otro que el amor *eterno* que Nuestro Señor tiene por cada uno de nosotros. En su Sagrado Corazón, por decirlo así, están escritos todos nuestros nombres y apellidos. Este amor eterno de Dios se ha manifestado plenamente en la entrega de Cristo crucificado. Este sacrificio muestra el amor de Jesús por su Iglesia. Ahora es el momento de ahondar en las *características de ese amor*.

Dios es eterno. Hay que decir que Dios, o ha existido siempre, o no ha existido nunca. Cualquier otra afirmación es simplemente absurda[30]. Pues bien, el amor de Cristo es como Dios mismo, es decir, un amor eterno, sin principio y sin final. El Amor Divino por nosotros no ha comenzado a existir nunca porque ha existido siempre como un eterno presente[31].

Las personas humanas somos seres que no tienen final. Dios nos ha regalado el don de la existencia para siempre. Podríamos decir que participamos de ese «no tener final» que pertenece a

---

[29] Véase *De Veritate*, q. 15.
[30] Véase *ST* I, q. 10, aa. 1–5.
[31] Véase *ST* I, q. 20, aa. 1–4.

la eternidad. Sin embargo, hay una parte de la eternidad, a saber, el «no tener principio» que se escapa completamente a la manera de ser de los hombres y de los ángeles. Podemos decir de una manera sencilla que «para adelante» seremos tan eternos como Dios, pero en ningún caso «para atrás». La eternidad de Dios es un gran misterio.

El Amor Divino de Cristo es *Eterno*. Pensemos en la predestinación. Estamos predestinados desde toda la eternidad. Esta consideración nos abre el corazón al prodigio del amor de Dios[32].

Pensemos un momento en la potencia infinita de Dios. Él, que es Todopoderoso, podría crear infinitos mundos o no crear nada. No *necesita* crear. El único motivo del acto creador es su Amor de pura generosidad. ¡Qué inefable misterio de elección y de amor!

Por decirlo de alguna manera que nos sea fácil de comprender, de entre esa infinitud de seres posibles, por puro amor, Dios nos escogió a dedo. Dios te eligió y te amó. Nadie en este mundo puede amar así. Ni siquiera una madre puede. Por mucho que una madre ame a su hijo, su amor no puede ser eterno como el de Dios.

Además, el amor eterno de Cristo no solo carece de principio sino que *tampoco tiene fin*. No está en nuestra capacidad hacer que Dios deje de amarnos. La única manera, por nuestra parte, de no recibir ese amor es sustraernos a él libremente. Podemos separarnos libremente de ese amor y condenarnos por nuestra culpa. Pero, en ningún caso, podemos ponerle fin a ese amor eterno.

Todavía más, el amor eterno de Cristo, sin principio ni final,

---

[32] Véase *ST* I, q. 23, aa. 1–8.

tampoco tiene intermitencias. No tiene intermitencias porque no duerme ni reposa (cf. Sal 121,4). Se trata de un Amor siempre en acto. Continuamente, Dios nos está amando. Si un instante cesara ese amor, en ese preciso instante, cesaría nuestra existencia. Diciéndolo de una manera gráfica a través de un ejemplo imposible, si Dios se durmiera un instante, despertaría completamente solo.

El amor eterno de Cristo, sin principio, ni fin, ni interrupciones, *carece de reserva alguna.* El amor humano, desafortunadamente, sí que las tiene. Ponemos límite al amor que tenemos.

En cambio, el amor de Cristo es hasta la muerte, y muerte de cruz, que se dice pronto (cf. Fil 2,8). Es un amor más fuerte que la muerte (cf. Ct 8,6). Nadie ha tenido un amor sin límites como el de Nuestro Señor.

Estuvo dispuesto al mayor padecimiento que hombre alguno haya podido sufrir. Entregó por nosotros hasta la última gota de agua de su corazón traspasado por la lanza del soldado romano. Se trata, por tanto, de una amor sin reservas y, a la vez, completamente *desinteresado.* Nada bueno le podemos dar a Dios que no tenga Él en grado sumo de perfección.

Este amor eterno y sin reservas es al tiempo *universal e individualismo.* ¿Qué quiere decir eso? Se trata de un amor universal porque ningún hombre puede sustraerse a él. Si es que puede decirse así, nadie escapa al amor de Dios. Pero, a la misma vez, es un amor individualísimo. Nadie nos conoce y nos ama de una manera más profunda e íntima que Dios. Ni siquiera nosotros mismos.

La preocupación por hablar del conocimiento humano de Cristo de cada uno de nosotros a través de la visión beatífica tiene ahora un eco importante. El corazón humano de nuestro

Señor participa en su amor por nosotros de todas estas propiedades de su amor divino en la medida en que un corazón humano perfectamente colmado de gracia puede hacerlo.

Es obvio que existen algunas limitaciones porque el corazón humano de Cristo no posee la eternidad divina ni su potencia infinita. Pero, salvando esas limitaciones, el corazón de Jesús nos ama con un amor que no conocerá el final, ni interrupción alguna, ni reservas, ni interés. Es un amor universal, a la par, que individualísimo.

La ejemplaridad de Cristo

Lo dicho no es, ni mucho menos, todo lo que podría decirse. El misterio de nuestra redención no se agota en la materia explicada. Tampoco nos hemos adentrado en toda la profundidad posible en la comprensión de cómo Cristo amó a su Iglesia. Serían muchas las cosas que restarían por decir. No obstante, consideramos que esta explicación es suficiente para el nivel catequético con que queremos tratar estas cuestiones.

Hasta ahora podríamos decir que hemos intentado exponer el amor de Cristo por su Iglesia y, en definitiva, por cada uno de nosotros que la formamos. Ahora toca hablar del carácter ejemplar de este amor encerrado en el «como» del título de este libro, «como Cristo amó a su Iglesia».

Tenemos que explicar por qué Cristo no es un *ejemplo* moral más o un ejemplo moral cualquiera, sino mucho más. La palabra técnica que utiliza la filosofía y la teología para lo que queremos explicar es *«ejemplar»*. Cristo es *el* ejemplar no solo de nuestra *creación* sino también de nuestra *vocación a la santidad*. Intentemos explicar esta idea.

Vamos a poner un ejemplo tomado del arte para comprender qué es eso de la *causa ejemplar*[33]. Pensemos en una estatua.

COMO CRISTO AMÓ A SU IGLESIA

Todos estos tipos de figuras tienen diversas causas. Cada causa tiene una relación distinta con la obra en cuestión. Por ejemplo, una estatua puede estar hecha de mármol o de madera. Estaríamos hablando de su *causa material*, es decir, de qué material está hecha.

Con toda seguridad, esa obra fue hecha por un escultor. Encontramos en este la *causa eficiente principal* de la estatua, o dicho sencillamente, quién la produjo. Él le dio forma y figura al mármol o la madera. Esa forma sería la *causa formal* de la escultura. Y seguro que hizo la estatua por algún motivo. Cuando respondemos a la pregunta «¿para qué hizo el escultor la estatua?» alcanzamos a ver su *causa final*.

Si nos concentramos en la causa formal tenemos que hacer una distinción más. La estatua tiene una forma y figura que conforma o configura el mármol convirtiéndolo en esa estatua y no otra. Ahora bien, esta forma o figura tiene *un modo de existir en la estatua* y *otro en la mente del artista*.

El escultor tiene *un ejemplar, un modelo o un patrón* de la estatua en su mente antes de hacerla. Esta forma está fuera de la estatua, como hemos dicho, en la mente del artista. Por este motivo, los filósofos llaman a este tipo de causalidad *«causalidad formal extrínseca»* o, simplemente, *«causalidad ejemplar»*.

Pues bien, pensemos ahora en Dios como un artista en la creación[34]. El ejemplar de toda la creación, según el testimonio mismo de la Escritura, es Cristo. Todo fue creado en Él, por y para Él.

---

[33] Para consultar vocabulario filosófico como éste, referimos al lector a A. MILLÁN-PUELLES, *Léxico filosófico*, Ediciones Rialp, Madrid 2002.
[34] Véase R. TE VELDE, *Aquinas on God: The "Divine Science" of the Summa Theologiae*, Ashgate, Burlington 2006.

Cristo es el ejemplar por ser el Verbo de Dios. Él es el *autoconocimiento de Dios en Persona*. En Cristo, Dios conoce y llama a la existencia a toda la realidad y, por tanto, a toda persona humana. Visto desde esta perspectiva, Jesús no solo es el modelo de lo que somos. También es el modelo, el ejemplo y la medida, de lo que estamos llamados a ser. Él es el modelo, el ejemplo y la medida de nuestra *santidad*. Además, Él es la causa de que podamos llegar a serlo, es decir, de que podamos llegar a ser santos. No hay santo que sea santo al margen de Cristo, esto es, sin participar de la santidad de Cristo y, por tanto, sin parecerse a Él.

La santidad no es otra cosa que la perfección de la caridad[35]. Por tanto, todo hombre y mujer está llamado a *participar* de la caridad de Cristo y a *imitarla* en su vocación a la santidad. Esta es la razón por la que todos tenemos por ejemplar y ejemplo cómo Cristo amó a su Iglesia.

No importa nuestro estado de vida, es decir, que seamos casados, sacerdotes, religiosos, religiosas, monjes o monjas. Todo cristiano está llamado a la santidad. Y para todo cristiano, la santidad consiste en participar de la caridad de Cristo.

En esta obra tenemos un propósito bien definido. Estamos interesados en mostrar cómo los llamados a la vocación al matrimonio pueden y deben participar de la caridad de Cristo en virtud tanto del sacramento recibido en el día de su boda como de su libre colaboración con la gracia.

Para comenzar a mostrar este camino de santidad, vamos a volver nuestra mirada al principio de los tiempos. Puesto que ya hemos entendido el papel de Cristo en cuanto ejemplar de nuestra vocación a la santidad, nos disponemos en el siguiente

---

[35] Véase A. ROYO MARIN, *Teología de la Perfección Cristiana*, BAC, Madrid 1988.

capítulo a comprender esa vocación a la luz de lo que San Juan Pablo II llama «el significado esponsal del cuerpo». Vamos a ver cómo desde nuestra mismo origen hemos sido creados para participar en el amor de Cristo por su Iglesia.

LA CREACIÓN Y EL SIGNIFICADO ESPONSAL DEL CUERPO

La vocación al amor

San Juan Pablo II utiliza la expresión «el significado esponsal del cuerpo» para referirse a nuestra *vocación al amor*[36]. Dios es Amor. Pues bien, venimos de Dios y hacia Él nos dirigimos. Él es nuestro origen y destino. Por tanto, toda persona humana ha sido creada por amor. Y, además, todo hombre ha sido creado para amar[37].

La palabra «amor» necesita de alguna aclaración. Vivimos en un tiempo en que puede prestarse a muchas confusiones. Se usa esa misma palabra para realidades muy distintas. Veamos el sentido preciso que aquí le queremos dar.

El amor del que hablamos no puede ser una simple emoción humana. ¿Cómo podría prometerse ese tipo de sentimiento? Estamos hablando de un amor libre. Los filósofos suelen llamarlo «dilección». Esta es un amor electivo. Electivo quiere significar que se elige libremente. El obrar libre es

---

[36] Véase JUAN PABLO II, *Hombre y mujer lo creó. El amor humano en el plano divino*, A. BURGOS VELASCO – M. A. PARDO ÁLVAREZ (eds.), Ediciones Cristiandad, Madrid 2010 En lo que sigue, nos referimos a esta obra con la abreviación TDC (Teología del cuerpo). Así, TDC 51:1, se refiere a la audiencia 51, y al primer párrafo de la misma audiencia.

[37] Véase A. PEREZ-LOPEZ, *Procreation and the Spousal Meaning of the Body: A Thomistic Argument Grounded in Vatican II*, Pickwick, Oregon 2017. Para un estudio filosófico de la visión del hombre en Juan Pablo II véase Á. PÉREZ LÓPEZ, *De la experiencia de la integración a la visión integral de la persona: estudio histórico-analítico de la integración en "Persona y acción" de Karol Wojtyla*, Edicep, Valencia 2012.

característicamente humano. Pues bien, el amor más propiamente humano debe ser aquel que libremente puede elegirse. Este amor sí que puede prometerse. Puede ser la base de un «compromiso». Entendemos por compromiso una «promesa junto con otro». Este es perfil humano del amor del que queremos hablar.

Ahora bien, este amor no posee solo un perfil humano. Hemos sido creados de hecho para un amor que no es meramente natural y humano. Este último es una forma de querer que podemos caracterizar de dos maneras.

Por un lado, se trata de un amor que la voluntad humana puede producir por sí misma. Por otro, ese amor humano de dilección tiene como centro o tema principal a la persona humana. Ahora bien, nosotros sabemos que nuestra vocación es más grande. La Revelación nos muestra que hemos sido llamados a vivir un amor *teologal*[38].

Este amor teologal es más que humano. No es que lo niegue. Al contrario, lo presupone y lo asume. Pero, además, lo purifica y lo perfecciona. Lo lleva a un plano sobrenatural y divino. No se trata de un amor que proceda únicamente de la voluntad humana. Es un amor sobrenatural. Y, además, su tema principal es Dios mismo. Esta es una cuestión decisiva para comprender la *santidad del matrimonio*. Por eso, vamos a detenernos a considerarla.

El amor *teologal* ha de ser considerado, al menos, de dos maneras. Por un lado, este amor es increado y divino. Este Amor es Dios mismo. Pero, por otro, el amor teologal también puede referirse a una realidad creada. Se trata de una creación de Dios en el alma humana que nos hace partícipes de su misma

---

[38] Véase L. Feingold, *The Natural Desire to See God According to St. Thomas and His Interpreters*, Sapientia Press, Ave Maria, Fla 2010.

Vida y Amor.

Estamos hablando de la gracia santificante y la caridad en cuanto virtud teologal. Nos interesa, sobre todo, esta última. No obstante, también tenemos que aclarar siquiera someramente la primera.

Ese amor *teologal* en cuanto realidad creada recibe el nombre de *gracia habitual operativa*[39]. El término teológico puede resultar un poco extraño. Esta realidad es muy importante para el tema de esta obra. Por eso, vamos a tratar de explicarla con claridad y sencillez.

La gracia de Dios es una participación real tanto en la *vida de Dios* como en su manera de *actuar*. Dicho de una manera más sencilla, la gracia nos hace *ser* hijos de Dios. Y, además, nos capacita para *obrar* en consecuencia. Hemos de mantener esta distinción en mente para comprender bien el papel de la *caridad* en *nuestra santificación*.

La gracia que nos hace partícipes del *ser de Dios* en calidad de hijos adoptivos suyos recibe el nombre de *gracia santificante*. Esta gracia es una cualidad real que Dios crea en nuestra alma.

No se trata de una adopción extrínseca. Dios nos adopta realmente como hijos suyos en Cristo[40]. A través de la humanidad de Cristo, participando en ella, llegamos a ser partícipes de su Filiación Divina. Esta gracia, por decirlo con una imagen bíblica, nos injerta en Cristo.

Utilicemos una imagen para comprender mejor la naturaleza de esta gracia. Todos podemos recordar la vocación de Moisés.

---

[39] Véase A. Royo Marin, *Teologia de la caridad*, BAC, Madrid 1963.

[40] Véase F. Ocáriz Braña, *Hijos de Dios en Cristo. Introducción a una teología de la participación sobrenatural*, EUNSA, Pamplona 1972.

Dios se manifestó en una zarza que ardía sin consumirse. Tomemos el fuego como un símbolo del ser de Dios. Por decirlo así, la gracia santificante hace arder nuestra alma en ese fuego. Con su llegada, comenzamos a ser *realmente* hijos adoptivos de Dios.

Participamos de su misma naturaleza, es decir, de su manera de ser. Eso no significa que dejemos de ser hombres. Sin dejar de serlo, llegamos a ser hijos. Ahora bien, además de ser hijos de Dios hace falta obrar como tales. Ese fuego ha de ir transformándonos cada vez más.

Pensemos en un trozo de madera que comienza a arder. La madera no deja de ser madera. No obstante, cuando el fuego se va extendiendo se va transformando sin dejar de ser madera, llega a convertirse en brasas. Esas brasas no son propiamente fuego. Pero, en cierta manera, están como transformadas en fuego y comparten sus propiedades.

Todos los ejemplos poseen siempre muchas limitaciones. Más aún cuando queremos hablar de los misterios de la fe. Pero, este último, nos hace comprender que nuestra *santificación* es realmente una *deificación*, es decir, un ir transformándonos cada vez más en hijos de Dios en Cristo.

Para que esa transformación *en Cristo*, que bien podríamos llamar *«cristificación»*, se vaya realizando, es preciso, sobre todo, vivir la caridad. La fidelidad a las gracias operativas nos hace ir creciendo en la gracia santificante. Llamamos *gracia habitual operativa* a aquella que nos ayuda a obrar como hijos de Dios, es decir, la gracia que nos regala tener la capacidad de actuar como Dios lo hace.

La *gracia habitual operativa* nos regala las virtudes cristianas. Las virtudes son poderes. Estamos hablando de hábitos como la fe, la esperanza o la *caridad*. Ahora estamos interesados en dirigir nuestra mirada sobre esta última.

La *caridad* es el hábito o virtud que nos da el poder, o lo que es lo mismo, nos capacita para el *amor teologal*. Este amor está dirigido principalmente a Dios. La caridad nos hace amar a Dios sobre todas las cosas; pero también nos hace amar a las demás personas y cosas por Dios, con Dios, para Dios y en Dios, como el Señor nos ama a nosotros.

Obrar como hijos de Dios es lo que nos hace *crecer* como hijos de Dios. De esta manera se entiende fácilmente que el crecimiento en la caridad significa lo mismo que el crecimiento en la santidad. La santidad y la caridad están relacionadas de tal manera que podemos decir que la *esencia metafísica* de la santidad, es decir, lo esencialísimo de ella, no es otra cosa que la *perfección de la caridad*.

Ahora bien, como todos los cristianos están llamados a la santidad, sea cual sea su estado de vida; tenemos que decir que esta vocación al amor teologal o caridad es también la meta de la santidad para los casados. Por tanto, los llamados al matrimonio están llamados a cumplir, en esta vida, el *significado esponsal del cuerpo*.

Esta es la razón por la que Fulton Sheen decía que para vivir el matrimonio de manera adecuada era preciso vivir en una suerte de triángulo de amor[41]. El matrimonio, cristianamente hablando, es un compromiso entre tres. Dios se compromete con los esposos y estos con el Señor. Dios da la gracia y los esposos prometen cooperar con ella.

---

[41] Véase F. J. SHEEN, *Three to Get Married*, Scepter Publishers, New York 1996.

¿Por qué esponsal?

El uso de la expresión «significado esponsal del cuerpo» para hablar de nuestra vocación al amor suele presentar, para muchos, una cierta dificultad de comprensión. Nos cuesta entender bien por qué Dios nos muestra nuestra vocación hablándonos de amor esponsal.

Tenemos la costumbre de pensar que eso que llamamos «amor esponsal» es algo que pertenece, en realidad, al hombre y a la mujer. Eso de que Dios tenga una relación esponsal con nosotros lo tomamos como una forma de hablar que «no termina de ir en serio». Lo tomamos como una manera de hablar más bien poética. Dicho de otra manera, muchos piensan que estamos frente a una *metáfora*.

La temática de nuestra obra requiere que aclaremos esta cuestión. Si todo quedara en una simple metáfora; lo más importante que tenemos que decir, es decir, nuestra tesis central, se haría cenizas.

Nosotros sostenemos que no hay amor más esponsal que el de Cristo por su Iglesia. Por eso, puede ser el modelo, o la referencia, de todo amor esponsal. No hay nadie que sea «más esposo» que nuestro Señor. Ciertamente, Él es célibe y no estuvo casado con mujer alguna. Con todo, hay que decir que Él no es «un» esposo más, sino «el Esposo».

Los autores de esta obra defendemos con toda claridad que el amor que Cristo tiene por la Iglesia es *la plenitud* del amor esponsal. La consecuencia de esta afirmación es clarísima. El amor que deben tenerse los esposos es una *participación* de ese amor de Cristo.

¿Analogía o metáfora?

Para cobrar conciencia de la importancia de esta afirmación, y para aclararla, vamos a profundizar un poco más en la distinción entre una *metáfora* y una *analogía*[42]. Para que los lectores menos familiarizados con estos términos no se pierdan en la explicación, vamos a tomar dos ejemplos que nos sirvan de guía en todo momento.

Comenzamos considerando el ejemplo de una *metáfora*. Imaginemos un chico enamorado que le dice a su novia: «tus ojos son como los lirios del campo».

Obviamente, ese chico no quiere decir que la chica tenga lirios en los ojos. Lo que quiere decir es que hay algo de los lirios que puede decirse también de los ojos de su amada.

Los lirios son flores muy bellas. Y, en este caso, está claro que el chico quiere ensalzar la belleza de los ojos de su novia. No se trata de que los ojos sean flores, sino que una cierta propiedad o nota de la esencia de los lirios se encuentra también en los ojos de la persona amada.

En la Biblia encontramos muchas predicaciones de este tipo. Con mucha frecuencia, se dicen cosas de Dios de manera metafórica. Podemos considerar el ejemplo siguiente: «Dios es una roca».

Nadie tiene la ocurrencia de pensar que Dios tenga una composición mineral. Con este ejemplo sucede como con los lirios y la jovencita. Hay una cualidad propia de las piedras que puede predicarse de Dios para significar o resaltar de una manera muy gráfica un peculiar atributo divino.

---

[42] Para una excelente explicación de la analogía en Santo Tomás véase J. GARCÍA LÓPEZ, *Metafísica tomista: Ontología, Gnoseología y Teología Natural*, EUNSA, Pamplona 2001, pp. 33–38.

COMO CRISTO AMÓ A SU IGLESIA

En efecto, las piedras son criaturas muy estables y duraderas. Pueden cambiar, pero ordinariamente lo hacen tan lentamente que el ojo humano apenas percibe ese cambio. Esta propiedad de las rocas sirve para significar el atributo divino de la *inmutabilidad.*

La metáfora también permite evidencia muchas de las consecuencias de esa inmutabilidad para la relación del hombre de fe con Dios. Ordinariamente, la Biblia quiere hablarnos, a través de esta imagen, de la fidelidad de Dios a la Alianza establecida con su Pueblo. Como se ve, las rocas nos sirven como imagen sensible para hablar de un atributo divino, cuando hacemos uso de la predicación metafórica.

Es evidente que la Biblia no quiere afirmar que Dios es un mineral, ni que las piedras son inmutables como Dios lo es. Del mismo modo, tampoco los lirios son ojos bonitos en el campo, ni el rostro de la jovencita es un campo con flores. Se trata de imágenes que nos sirven para ilustrar un determinado atributo de una manera sensible.

Una vez que hemos explicado qué es una metáfora, vamos a considerar ahora qué es una *analogía propiamente dicha.* También lo vamos a hacer partiendo de un ejemplo que nos ayude a hacer una explicación del modo más sencillo posible.

Podemos decir con toda seguridad que «Dios es bueno». Cuando afirmamos la bondad de Dios, no estamos hablando de manera metafórica. No estamos en el mismo caso que cuando decimos: «Dios es una roca»[43].

Predicamos la bondad del Señor con toda propiedad[44]. Es más, en el Evangelio escuchamos que sólo Dios es bueno (cf.

---

[43] Véase *Ibid.*, pp. 575–585.
[44] Véase *Ibid.*, pp. 599–600.

Mc 10,18). Obviamente, eso no quiere decir que todo lo que no es Dios sea malo. Significa, por el contrario, que solo el Señor es la bondad *por excelencia*. Nada, ni nadie, puede ser bueno como Dios lo es. De hecho, las criaturas son buenas en la medida en que *participan* de la bondad de nuestro Señor[45].

En términos más científicos, se considera a Dios como el *primum analogatum* o primer analogado. ¿Qué quiere decir eso? Vimos que en la metáfora, la noción que se predicaba metafóricamente solo cumplía en el sujeto del que se predicaba alguna de sus propiedades. En cambio, en la analogía propiamente dicha, la noción que se predica de manera análoga cumple todo lo que significa en diferentes sujetos, pero de manera desemejante.

Podemos decir que «Dios es bueno», que «mi padre es un buen hombre» y que «hacer deporte es bueno». En todos los casos, el significado propio de la bondad se cumple en cada uno de los sujetos de los que se dice; pero no lo hace en el mismo grado de perfección.

El primer analogado es aquel en el que el significado de la bondad, en este caso, se cumple completamente. Por eso, hemos dicho que Dios es Bueno. La bondad se encuentra máximamente en Él. En el resto de criaturas, la bondad se da por participación, es decir, porque se parecen al primer analogado, en este caso, a Dios.

También podemos expresar a veces esta diferencia de grado diciendo que Dios *es* la bondad, mientras que las criaturas *tienen* bondad. Otro ejemplo, Dios *es* sabiduría, mientras que los hombres *pueden tener* sabiduría.

---

[45] Véase R. TE VELDE, *Participation and Substantiality in Thomas Aquinas*, E. J. Brill, New York 1995.

Hasta aquí nuestro intento de explicar, sencilla y llanamente, la diferencia entre una metáfora («tus ojos son como los lirios del campo») y una analogía («Antonio es bueno» y «Dios es bueno»). Ahora vamos a tomar un ejemplo de la Palabra de Dios que nos ayude a entender con más profundidad este tema de la analogía.

El ejemplo de la paternidad

La Sagrada Escritura nos ofrece otro ejemplo de analogía bastante claro. San Pablo nos dice que toda paternidad recibe su nombre, en el cielo y en la tierra, de Dios Padre (cf. Ef 3,15).

Vemos como el primer analogado de la paternidad se cumple en Dios Padre. Y ocurre, entonces, algo similar a lo dicho sobre la bondad. Podríamos expresarlo de esta manera: *nadie es más padre que Dios Padre*. En cambio, todos los demás seres que son padres, en algún modo, es porque participan de su paternidad en diferentes grados.

Pensemos, por ejemplo, en las veces que hablamos de «Nuestro Padre Jesús». No se trata de ninguna incorrección. Jesús mismo llamó en muchas ocasiones a los suyos «hijos míos». También queda clara la verdad de la afirmación cuando se comprende que Jesús y el Padre son uno; y que, quien lo ha visto a Él, ha visto al Padre.

También podemos decir, sin faltar a la verdad, que los ángeles ejercen una paternidad espiritual sobre nosotros. Decimos muy bien que los sacerdotes son padres. Llamamos padres a las personas que nos dieron la vida y nos criaron en nuestra familia.

La Sagrada Escritura nos está enseñando, en la cita que estamos comentando, que en todos esos ejemplos se cumple, con propiedad, lo que significa ser padre; porque todas esas personas se parecen a Dios Padre, eso sí, en diferentes grados.

Pero, ¿qué significa ser padre?

La paternidad puede ser considerada en un sentido más amplio y en otro más estricto. En sentido amplio, la paternidad consiste en ser el principio del *ser* y del *obrar* de otro. En sentido estricto, ser padre consiste en ser principio del ser y del obrar de otro *comunicando la propia naturaleza.*

En ambos casos, se trata no solo de la comunicación de la vida, sino también de la capacidad de actuar bien para llevar esa vida recibida a su plenitud. Pues bien, nadie es principio del ser y del obrar como lo es Dios Padre. Por este motivo, Él es el primer analogado de la paternidad. De ahí que escribamos Padre con letra mayúscula cuando nos referimos a Él.

En efecto, Dios, en cuanto *Creador*, es origen del ser y del obrar de todas las criaturas. No obstante, todavía podemos pensar en la vida íntima de la Santísima Trinidad. La fe nos enseña que la Segunda Persona de la Santísima Trinidad procede de la Primera, es decir, que el Hijo procede del Padre. También sabemos que el Espíritu Santo procede del Padre y del Hijo. Sin embargo, Dios Padre, la Primera Persona de la Santísima Trinidad no procede de nadie. Él es el principio sin principio (*principium sine principio*). Todo aquel a quien podemos llamar padre es porque se parece a Dios Padre.

Volvamos a considerar la afirmación de la Sagrada Escritura que venimos comentando. Leemos en la *Carta a los Efesios* que toda paternidad, en el cielo y en la tierra, recibe su nombre de Dios Padre. Comencemos nuestra consideración por el Cielo.

El Hijo de Dios hecho hombre, es decir, Jesús de Nazaret ejerce una paternidad sobre cada uno de nosotros. Podemos leer en el Evangelio que llama a los suyos «hijos». Obviamente, en cuanto que Jesús es verdadero Dios hay que decir que es padre tanto por la obra de la creación como por la obra de la santificación. Pero, además, también hay que considerar su paternidad sacerdotal en cuanto verdadero hombre. Precisamente, a través de su humanidad, ha merecido la gracia que nos hace partícipes de la naturaleza divina. Esta misma humanidad es el instrumento, a través del cual, esa vida divina, se nos comunica.

Tampoco podemos olvidar la paternidad del Espíritu Santo en cuanto «dador» o comunicador de esa misma vida. Jesús dijo que el Espíritu Santo tomaría de lo suyo para comunicárnoslo (cf. Jn 16,14). En este punto hay que hacer alguna precisión de orden teológico.

La comunicación de la gracia no es obra del Espíritu Santo al margen del Padre y del Hijo. Con todo, decimos que en cuanto santificador, el Espíritu Santo es causa eficiente, divino huésped y alma increada de la Iglesia por una muy justificada apropiación. Se entiende así que en la Secuencia de Pentecostés lo invoquemos diciendo: «Veni, *pater* pauperum, Veni, dator munerum».

Por su colaboración en el cuidado de nuestro bien obrar, podemos decir que los ángeles, especialmente nuestro ángel de la guarda, tiene un rol paternal en relación con nosotros. Los ángeles no nos comunican el *ser* o la naturaleza divina. No obstante, con su ministerio, nos ayudan a *obrar* de manera que esa vida que hemos recibido pueda alcanzar su plenitud en la santidad. Hasta aquí la paternidad en el cielo.

Digamos ahora una palabra sobre la paternidad en la tierra. Como hemos leído, la Escritura nos dice que también esta paternidad recibe su nombre de Dios Padre.

Los padres de familia colaboran con Dios en la transmisión de la vida. Obviamente, Dios es quien regala el don del ser a cada nueva persona humana que viene a este mundo, pero lo hace a través de sus padres. Además, los padres de familia no son padres solo en un sentido carnal. Su vocación no solo es colaborar con Dios en lo referente a la transmisión del ser a los hijos. La paternidad también tiene que ver con el obrar. Por eso, esta forma de paternidad tiene una dimensión espiritual, tanto en el orden natural, como en el sobrenatural[46].

Cuando consideramos el ser y el obrar propios de la naturaleza humana, los padres de familia poseen un lugar muy particular en la analogía de la paternidad. Los padres de familia son los primeros sujetos responsables de la educación de sus hijos. Ellos tienen el deber y el derecho de educar a los hijos.

El Estado no puede suplantar a la familia en la educación de los hijos. Con todo, hay que reconocer que, además de los padres, las personas que nos rodean ejercen una influencia en nuestra educación. Por este motivo, hablamos de la *Patria*. Si uno lo piensa, esa palabra está emparentada con la paternidad.

Nosotros, los cristianos, tenemos la sana costumbre de llamar «padre» a los sacerdotes. Los sacerdotes reciben una participación en la paternidad de Jesús. Por el sacramento que han recibido, están configurados con Cristo, *Cabeza* de la Iglesia. Y tienen un papel muy importante en la comunicación de la gracia de Dios.

No olvidemos que la gracia nos hace partícipes de la misma naturaleza de Dios. Además, los sacerdotes tienen una gran responsabilidad en la formación cristiana de los hijos de Dios. En la línea de lo sobrenatural, hay que hablar de su paternidad espiritual como participación en la paternidad divina. Recordemos que la gracia vale más que la vida. No estamos frente a una paternidad metafórica.

---

[46] Véase A. MILLÁN-PUELLES, *La formación de la personalidad humana*, Ediciones Rialp, Madrid 1963.

¡Cuánto bien hay en esta consideración para la vida espiritual de los sacerdotes! Vivir la misión del sacerdote, sin comprender la paternidad espiritual a la que está llamado por Dios, supone una carencia muy importante para la formación de su identidad sacerdotal.

La noción de paternidad espiritual es importante no solo para los sacerdotes. También es importante para todos los que tienen alguna responsabilidad en la educación o formación de otras personas. Es de una importancia particular para los padres de familia. Esto lo veremos, con más detenimiento, cuando hablemos de la procreación y la educación de los hijos en relación con el matrimonio. Por el momento, nos interesaba mostrar la paternidad como un ejemplo de analogía que nos ayuda entender la analogía esponsal.

La analogía esponsal

El Evangelio nos dice que Jesús se identifica a sí mismo como el *Esposo* (cf. Mt 9, 15). Es muy importante que entendamos que no está utilizando una metáfora. Más bien, se trata de una analogía.

Como hemos visto, es algo muy similar a lo que sucede cuando decimos que «Dios es bueno» o que «Dios es Padre». Ahora tenemos que considerar que Cristo no es «un» esposo, sino «El» Esposo. Dentro de la analogía, como ya hemos explicado, tenemos que situarnos en el *primer analogado*. Por lo pronto, ya podemos sacar varias consecuencias de todo lo dicho.

Comencemos diciendo que nadie es más esposo que Cristo. Más aún, todo el que pretenda ser esposo tendrá que parecerse a Él. Además, tenemos que caer en la cuenta de que, cuando hablamos de la relación esponsal de nuestro Señor con la

Iglesia, no estamos utilizando una metáfora. Estamos ante una analogía propiamente dicha.

Por consiguiente, Cristo Esposo amó a la Iglesia de una manera *total*, tal y como se explicó en el primer capítulo. Cristo amó a la Iglesia entregándose por cada uno de sus miembros. Su entrega es absoluta. Su amor es sin reservas y hasta el extremo. Cristo se ha dado a sí mismo, por completo, a su Iglesia.

La vocación de su Esposa, es decir, de cada uno de nosotros, consiste en responder a este don con el *don total de sí*[47]. Solo a Dios, se le debe absolutamente todo. Solo a Él, hemos de donarnos de esta manera. Estamos llamados a amar a Dios más incluso que a nosotros mismos. Esta forma de amor no puede debérsele a nadie más que a Él.

Santo Tomás nos explica que este amor se le debe a Dios tanto a un nivel natural como sobrenatural. Existen motivos para amar a Dios sobre todas las cosas, tanto en un orden, como en otro.

Pensemos en los dones naturales que hemos recibido de Dios. Él nos ha regalado la existencia. Con su amor, nos conserva en ella. De él recibimos también el obrar. Nos ha regalado la familia. Podemos maravillarnos frente al mundo contemplando la belleza de la creación. Podríamos pensar muchos dones naturales más. Todos ellos nos hablan del amor de Dios, que nos llama a corresponderle amándolo por encima de todas las cosas, incluso de nosotros mismo.

La consideración de los dones sobrenaturales proporciona motivos todavía más profundos e intensos para amar a Dios por encima de todo. En este orden, los dones comunicados son los

---

[47] Véase GS, 24.

propios de la gracia y la gloria. Pensemos en la Encarnación de Nuestro Señor, en su Pasión, Muerte y Resurrección, en el envío del Espíritu Santo, en el don de la gracia santificante, las virtudes infusas, los dones del Espíritu Santo, las gracias actuales, la inhabitación de la Santísima Trinidad en nuestras almas y la promesa de la visión beatífica en la gloria. Todos estos dones constituyen una profunda motivación y una intensa llamada a amar a Dios por encima de todo y más que a uno mismo.

Podemos concluir con palabras de Santo Tomás: «Por eso debe amar el hombre a Dios, bien común de todos, más que a sí mismo, porque la bienaventuranza eterna está en Dios como en principio común y fontal de cuantos pueden participarla»[48]. Esta manera de amar a Dios, más que a uno mismo, constituye un auténtico don de sí, es decir, una entrega total a Dios.

En ocasiones, hemos escuchado hablar del don de sí entre los esposos. Se trata de una expresión que encierra, tanto una profunda belleza, como una necesidad de *precisión*, como tendremos ocasión de ver más adelante. El don de sí entre los esposos no puede significar que el esposo debe amar a su esposa más que a sí mismo. No existe auténtico don de sí entre los esposos si no está motivado por el don de sí a Dios.

No perdamos de vista que pertenecemos a Dios. Él nos ha hecho y somos suyos (cf. Sal 100,3). Esta es una de las razones por las que solo a Dios se debe amar más que a uno mismo. Nuestra entrega total a Dios es un acto de amor libre que reconoce esta profunda verdad de nuestro ser. Esta pertenencia a Dios hace que Él nos pueda entregar a otra persona humana. De esa manera, por amor a Nuestro Señor, podemos hasta entregar la vida por nuestros semejantes; pero el lenguaje del

---

[48] *ST* II–II, q. 26, a. 3, c.

don de sí no puede conducirnos al error de confundir el lugar de Dios y el del prójimo en nuestra relación con el prójimo.

Una vocación presente desde la creación

Todas las personas humanas han sido *creadas para el amor*. Esta llamada al amor está presente en el corazón humano desde el principio.

Jesús discutió, muchas veces, con los fariseos. Vamos a considerar ahora una de estas discusiones que es particularmente reveladora de esta vocación al amor. Se trata de aquella vez en que le preguntaron sobre la indisolubilidad del matrimonio.

Los fariseos se acercaron al Señor para ponerlo a prueba. Le preguntaron si un hombre puede repudiar a su mujer por cualquier motivo. La respuesta de Cristo es sorprendente. Se remite al momento de la Creación. Haciendo esta afirmación, Nuestro Señor invoca su autoridad divina.

Jesús nos va a decir algo sobre ese «principio». Nos va a mostrar el designio de Dios sobre el corazón humano. Escuchemos las palabras de Cristo: «¿No habéis leído que el Creador, desde el comienzo, los hizo varón y hembra, y que dijo: Por eso dejará el hombre a su padre y a su madre y se unirá a su mujer, y los dos se harán una sola carne? De manera que ya no son dos, sino una sola carne. Pues bien, lo que Dios unió no lo separe el hombre» (Mt 19, 4-6).

San Juan Pablo II explica de un modo muy bello esta vocación al amor intimada en las profundidades del corazón humano desde sus orígenes. Particularmente sublimes son sus palabras sobre este tema en su primera carta encíclica *Redemptor Hominis* (el Redentor del hombre). Dice así: «El hombre no puede vivir sin amor. Él permanece para sí mismo un ser incomprensible, su vida está privada de sentido si no se le revela el amor, si no se encuentra con el amor, si no lo experimenta y lo hace propio, si no participa en él vivamente»[49].

Para profundizar en esta consideración, y siguiendo la indicación hacia el "principio" del mismo Cristo, vamos a explicar ahora con cierto detenimiento cómo el relato bíblico de la creación ilumina la vocación para la que *de facto* Dios nos creó. Dicho de otra manera, vamos a ver cómo la Palabra de Dios nos muestra el significado esponsal de nuestro cuerpo.

Dos relatos de la creación

El libro del Génesis, el primero de la Biblia, nos presenta la creación a través de *dos relatos* distintos. El *primero* de ellos nos relata la creación en siete días. En este relato, el hombre y la mujer son creados en el sexto día. Este día se sitúa entre la creación del resto del mundo visible y el descanso de Dios.

La Palabra de Dios nos dice, sobre la creación del hombre en particular, lo siguiente. En el relato, Dios toma la palabra y dice: «Hagamos al ser humano a nuestra imagen, como semejanza nuestra, y manden en los peces del mar y en las aves de los cielos, y en las bestias y en todas las alimañas terrestres, y en todas las sierpes que serpean por la tierra. Creó, pues, Dios al ser humano a imagen suya, a imagen de Dios le creó, macho y hembra los creó. Y bendíjolos Dios, y díjoles Dios: "Sed fecundos y multiplicaos y henchid la tierra y sometedla; mandad en los peces del mar y en las aves de los cielos y en todo animal que serpea sobre la tierra". Dijo Dios: "Ved que os he dado toda hierba de semilla que existe sobre la haz de toda la tierra, así como todo árbol que lleva fruto de semilla; para vosotros será de alimento. Y a todo animal terrestre, y a toda

---

[49] RH,10.

ave de los cielos y a toda sierpe de sobre la tierra, animada de vida, toda la hierba verde les doy de alimento"» (Gn 1, 26–30).

El *segundo relato* también nos habla de la creación del hombre y de la mujer, pero lo hace de una manera diferente. La Biblia nos habla aquí de Adán y Eva. Nos dice que «Dios formó al hombre con polvo del suelo, e insufló en sus narices aliento de vida, y resultó el hombre un ser viviente. Luego plantó Yahveh Dios un jardín en Edén, al oriente, donde colocó al hombre que había formado» (Gn 2,7–8).

Antes de crear a la mujer, Adán ya recibe la prohibición de comer del árbol de la ciencia del bien y del mal: «Tomó, pues, Yahveh Dios al hombre y le dejó en al jardín de Edén, para que lo labrase y cuidase. Y Dios impuso al hombre este mandamiento: "De cualquier árbol del jardín puedes comer, mas del árbol de la ciencia del bien y del mal no comerás, porque el día que comieres de él, morirás sin remedio"» (Gn 2,15–17).

A este punto del relato, se nos habla de una experiencia que Adán tiene al nombrar a los demás animales. Se trata de una experiencia de *soledad*. Dice así el relato: «Dijo luego Yahveh Dios: "No es bueno que el hombre esté solo. Voy a hacerle una ayuda adecuada". Y Yahveh Dios formó del suelo todos los animales del campo y todas las aves del cielo y los llevó ante el hombre para ver cómo los llamaba, y para que cada ser viviente tuviese el nombre que el hombre le diera. El hombre puso nombres a todos los ganados, a las aves del cielo y a todos los animales del campo, mas para el hombre no encontró una ayuda adecuada» (Gn 2, 18–20).

La *soledad* de Adán manifiesta la necesidad de una *ayuda adecuada*. Solo Dios podía proporcionar esta ayuda. Dice así la Biblia: «Entonces Yahveh Dios hizo caer un profundo sueño sobre el hombre, el cual se durmió. Y le quitó una de las costillas, rellenando el vacío con carne. De la costilla que Yahveh Dios había tomado del hombre formó una mujer y la llevó ante el hombre» (Gn 2, 21–22).

El primer encuentro de Adán y Eva es de una gran hermosura y profundidad. Aparece una nueva experiencia. Es la experiencia de la *unidad*. Continúa así el relato: «Entonces éste exclamó: "Esta vez sí que es hueso de mis huesos y carne de mi carne. Esta será llamada mujer, porque del varón ha sido tomada". Por eso deja el hombre a su padre y a su madre y se une a su mujer, y se hacen una sola carne» (Gn 2, 23–24).

El relato nos proporciona todavía un dato hermoso y valioso para nuestra reflexión. Se trata de una experiencia más de nuestros primeros padres. Ellos fueron creados en un estado de *justicia*. Por ese motivo, Adán y Eva no experimentan la vergüenza, a pesar de estar *desnudos*. La *inocencia* de su mirada queda manifiesta en este último versículo que citamos: «Estaban ambos desnudos, el hombre y su mujer, pero no se avergonzaban uno del otro» (Gn 2, 25).

Dos relatos complementarios

Los dos relatos de la creación que nos ofrece la Escritura nos comunican la verdad, pero lo hacen de modo distinto. No es necesario plantearse una elección sobre cuál de los dos sea el verdadero. Ambos lo son. Se trata de textos inspirados por Dios para comunicarnos una profunda verdad sobre Dios y sobre el hombre. Por tanto, son relatos complementarios.

La primera narración es bastante más breve que la segunda. Allí aparece una categoría teológica muy importante para comprender la verdad sobre la persona humana. El hombre ha sido creado *a imagen de Dios*[50].

En este relato, la vocación de la persona humana al amor se presenta de manera más *teológica*. No se trata sólo de la brevedad de la formulación. Además de decirse de una manera más sintética, la vocación del hombre aparece presentada desde sus causas últimas, es decir, desde Dios mismo. Por este motivo, hemos dicho que es una presentación más *teológica*.

La categoría fundamental es *imagen de Dios*. El razonamiento implícito en esta primera narración parece ser el siguiente. Dios nos ha creado de manera que nos parecemos a Él. Ahora bien, Dios es amor. Por tanto, nuestra vida está orientada, desde su origen hasta su destino, hacia el amor.

La segunda narración de la creación expresa esta misma verdad de una manera distinta. Podría decirse que su presentación es menos teológica. Ahora bien, hablamos solo de la presentación. ¿Por qué? En realidad, se quiere explicar *qué significa* eso de ser creado «a imagen de Dios». Aparece explicado a través de una serie de *experiencias vividas*. Por decirlo así, parece que la narración nos presenta ejemplos para ilustrar lo que implica el haber sido creados a imagen de Dios.

El enfoque de este segundo relato parece más *antropológico*. La narración se va adentrando en la conciencia misma de nuestros primeros padres. Es como una presentación de la vida interior o de la subjetividad —diríamos hoy— de Adán y Eva.

Es como tratar de abrir una ventana a la manera peculiar de vivenciar subjetivamente la realidad objetiva de haber sido creados a *imagen de Dios*. Dicho de otra manera más sencilla, es como si la narración nos pusiera en los zapatos de Adán y Eva para que pudiéramos compartir lo que a ellos les ocurría en primera persona.

---

⁵⁰ Véase I. HÜBSCHER, *De Imagine Dei in Homine Viatore secundum Doctrinam S. Thomae Aquinatis*, Typis F. Ceuterick, Lovanii 1932.

Por este motivo, para comprender bien este segundo relato es preciso leerlo teniendo en cuenta lo dicho en el primero. Las experiencias que Juan Pablo II llama *originarias* son ilustraciones de lo que significa ser creado a imagen y semejanza de Dios. Adentrarnos en ellas, con cierto detenimiento, nos va a ayudar a comprender esta categoría teológica con más profundidad.

Para nosotros, es muy interesante llevar a cabo este análisis porque, como bien nos dice Cristo, aquí se encuentra el plan de Dios para el matrimonio. Se puede atisbar en esta enseñanza de la Palabra de Dios cómo Dios creó al hombre y a la mujer para el amor, para que participaran y fueran signo visible de cómo Cristo amó a su Iglesia.

Las experiencias originarias

Comencemos con la explicación del adjetivo que acompaña al sustantivo «experiencias». San Juan Pablo II llama a las experiencias que viven Adán y Eva *originarias*. Cuando leemos ese nombre, seguro que recordamos la expresión «pecado original»[51]. Para nuestra reflexión, es importante preguntarnos ahora cuál es el significado de este adjetivo, es decir, en qué sentido estas experiencias son *originarias*.

Estas experiencias de soledad, unidad e inocencia reciben el nombre de «originarias» porque ocurren *por primera vez*. Adán nunca se había sentido solo. Nunca había experimentado la comunión con otra persona humana. Nunca se había sentido mirado en su desnudez sin sentir vergüenza, así como tampoco

---

[51] Véase R. Te Velde, *Evil, Sin, and Death: Thomas Aquinas on Original Sin*, in R. V. Nieuwenhove – J. Wawrykow (eds.), *The Theology of Thomas Aquinas*, University of Notre Dame Press, Notre Dame 2005, pp. 143–166.

había mirado con esta inocencia a otra persona humana.

No obstante, este no es el único motivo por el que reciben el nombre de *originarias*. También se denominan así porque *originan* algo.

Este originar significa que son *causa* de un proceso de autoconocimiento. A través de estas experiencias, Adán y Eva se descubrieron a sí mismos en cierto sentido. Las experiencias originarias son causa de que la persona humana (en este caso nuestros primeros padres) alcance a conocerse o comprenderse a sí misma con mayor profundidad.

Encontramos un ejemplo claro en la *soledad originaria* de Adán. Cuando este se sintió solo por primera vez, comprendió muchas cosas sobre sí mismo, sobre su identidad y sobre su vocación. De esa manera, su soledad fue la causa de un proceso de autocomprensión, es decir, lo originó.

Tenemos el propósito de mostrar en qué sentido la vocación al amor está presente en el corazón humano desde su misma creación a imagen y semejanza de Dios. Vamos ahora a seguir los pasos que nos indica San Juan Pablo II para explicar estas experiencias originarias. Como hemos dicho, estas experiencias ilustran nuestro ser imagen de Dios y, por tanto, nuestra vocación *originaria* al amor.

La soledad originaria

Comencemos con la primera de estas experiencias. Vamos a explicar la *soledad originaria* de Adán. Nuestro punto de partida es el texto bíblico que nos la relata. Recordemos que Adán ha sido creado por Dios en el jardín del Edén. Dice entonces el texto: «Dijo luego Yahveh Dios: "No es bueno que el hombre esté solo. Voy a hacerle una ayuda adecuada". Y Yahveh Dios formó del suelo todos los animales del campo y todas las aves del cielo y los llevó ante el hombre para ver cómo los llamaba, y para que cada ser viviente tuviese el nombre que el hombre le diera. El hombre puso nombres a todos los ganados, a las aves del cielo y a todos los animales del campo, mas para el hombre no encontró una ayuda adecuada» (Gn 2, 18–20).

Conciencia de la propia humanidad

Dios crea los animales irracionales para el hombre. Se los presenta a Adán para que les ponga nombre. Este regalo de Dios se inscribe en el curso de un proceso. A través de este proceso, la soledad del hombre va a encontrar una ayuda adecuada.

Adán hace un importante descubrimiento al imponer nombre a los animales irracionales. La confrontación con ellos le permite descubrir tanto su parecido con ellos, como su diferencia específica[52].

El hombre es animal también. Eso quiere decir que las personas humanas son seres vivientes capaces de sentir. Sin embargo, hay algo específicamente humano que los demás animales no poseen. Adán pone nombres. En cambio, los animales no pueden poner nombre.

La capacidad de nombrar no implica solo la capacidad de hablar. Esas palabras exteriores y sonoras que podemos emitir proceden de las palabras interiores de nuestra mente racional. Los hombres, a diferencia de los animales, podemos entender.

---

[52] Para una antropología filosófica que aborda el tema de la diferencia específica desde el punto de vista de la concienvia vivida véase A. MILLÁN-PUELLES, *La estructura de la subjetividad*, Ediciones Rialp, Madrid 1967.

Eso significa que podemos ir más allá de las apariencias sensibles de las cosas. Podemos penetrar en lo más íntimo de cada cosa. Somos capaces de alcanzar su núcleo más íntimo.

Al entender algo, captamos aquello que distingue a cada cosa de las demás. Este núcleo íntimo y distintivo de las cosas recibe el nombre filosófico de esencia. Podríamos decir que captar la esencia de algo es llegar a entender algo así como su fórmula, utilizando una comparación con la química.

Este punto puede parecernos algo complicado. Por eso, vamos a intentar esclarecerlo a través de un ejemplo. Muchos de nosotros hemos tenido o tenemos un perro en casa. No tenemos ninguna duda de que los perritos conocen, pero su conocimiento es tan solo sensible. El perrito conoce a su amo. Un animal puede alcanzar a reconocer también a su madre. En cambio, lo que nunca puede suceder es que los perritos celebren el día de la madre. El motivo por el que esto no puede pasar es justo el punto que queremos explicar.

Para celebrar el día de la madre, hay que alcanzar a conocer aquello que hace que las madres lo sean, es decir, la maternidad. Las madres son percibidas por el conocimiento sensible. Eso quiere decir que, por ejemplo, a una madre la podemos ver, oír o tocar. En cambio, la maternidad no es algo que se pueda ver, oír o tocar.

La maternidad es algo que solo se puede conocer entendiendo. El perrito puede conocer a su mamá porque conoce sensiblemente. Ahora bien, todo lo sensible es necesariamente singular. El animal irracional no puede penetrar la esencia o la fórmula que hace que las madres sean madres. Por el contrario, las personas humanas sí somos capaces de aprehender la maternidad. Por eso, podemos hacer una fiesta para todas las madres.

Adán, al poner nombre a los animales, experimenta su capacidad de conocer la esencia de las cosas. Tiene la experiencia de esa capacidad de conocer que trasciende la manera de percibir que tienen los animales a los que está poniendo nombre.

En esta experiencia, Adán se conoce a sí mismo en el acto de conocer la realidad exterior de una manera intelectual. Por este motivo, toma conciencia de no ser solo un animal más. Él no es simplemente un ser viviente capaz de sensaciones.

Precisamente, lo que lo hace diferente de los demás animales es su *racionalidad*. Esta es la definición que los filósofos nos dan del hombre. Aristóteles nos enseña que el hombre es un *«animal racional»*[53].

Estas dos palabras nos dicen mucho sobre la persona humana. Nos muestran su lugar propio en el mundo. La primera parte de la definición, es decir, la primera palabra, encuadra al hombre dentro de un género. En cambio, la segunda parte nos habla de los que nos distingue dentro de ese género. Genéricamente hablando, somos animales. Específicamente, somos racionales.

La experiencia originaria de la soledad lleva a Adán a tomar conciencia de esta realidad. Esta toma de conciencia se da por un proceso de comparación con la realidad creada del mundo visible[54]. Adán experimenta soledad precisamente porque advierte el lugar de honor que le corresponde en el mundo visible.

Él puede nombrar a los animales. Haciéndolo, les dirige la palabra. En cambio, ninguno de los demás animales puede responderle. Ninguno lo puede llamar a él por su nombre. Adán

---

[53] Véase J. BURNET, *The Ethics of Aristotle*, Methuen, London 1900.
[54] Véase Á. PÉREZ LÓPEZ, *Karol Wojtyla's Thomistic Understanding of Consciousness*, «The Thomist», 79/3 (2015), pp. 407–437.

no puede *dialogar* con los demás animales. El encuentro *dialógico* requiere ese poder de la *lógica* humana que reside en la racionalidad.

La experiencia de la soledad de Adán es *originaria* no solo porque se trata de la primera vez que se sintió solo, sino porque origina, da lugar o desencadena, un proceso de autocomprensión por el que este primer hombre se conoce como *animal racional*.

Colaborador del Absoluto

La soledad de Adán no solo le conduce a darse cuenta de aquello que le diferencia de los animales. Esta experiencia originaria le ayuda a conocerse mejor también en otro aspecto. Aquello mismo que le diferencia de los demás animales es lo que le permite colaborar con Dios de una manera propia. Adán se descubre como *colaborador* de Dios.

Los demás animales no reciben ningún mandato. Ellos no son capaces de obedecer o desobedecer. Los animales irracionales carecen de libertad. Por este motivo, sólo Adán recibe la prohibición de comer del árbol de la ciencia del bien y del mal.

Dice así el texto bíblico: «Tomó, pues, Yahveh Dios al hombre y le dejó en al jardín de Edén, para que lo labrase y cuidase. Y Dios impuso al hombre este mandamiento: "De cualquier árbol del jardín puedes comer, mas del árbol de la ciencia del bien y del mal no comerás, porque el día que comieres de él, morirás sin remedio"» (Gn 2,15–17).

El mandato divino, dirigido únicamente a Adán, es un momento de esa experiencia originaria de la soledad que conlleva un proceso de autoconocimiento. En este caso, el primer hombre se conoce a sí mismo en cuanto ser libre[55]. ¿Qué sentido tiene dar un mandato a un ser que no lo fuera? Cuando se nos intima un mandato, no solo experimentamos una razón que nos apremia para obrar, sino que vivimos nuestra libertad.

La racionalidad es la raíz de la libertad[56]. Vamos tratar de explicar este asunto. Ningún animal de los que Adán ha nombrado es capaz de semejante cosa. Por este motivo, él se siente solo en el universo visible. Como hemos dicho, la soledad originaria no solo le hace descubrirse como ser inteligente sino también como ser libre.

Adán tiene la capacidad de penetrar en la esencia de la realidad. Eso ya está explicado. Es precisamente porque tiene ese poder por lo que puede elegir sin coacción entre los bienes finitos. Hemos dicho que las personas humanas no solo perciben a su madre, sino que, además, son capaces de entender la maternidad misma.

Pues bien, lo mismo hay que decir sobre el bien y la bondad. Los hombres no solo somos capaces de percibir bienes, o cosas que son buenas, sino que también somos capaces de entender la bondad misma. Justo porque podemos conocer la bondad misma, no nos contentamos con ningún bien finito.

Deseamos la bondad misma, es decir, el bien infinito. Ahora bien, solamente hay un ser que sea el bien infinito. En efecto, solo Dios es el Bien infinito. Hacia Él estamos dirigidos de tal manera que ningún bien creado puede aprisionar o acaparar nuestra voluntad[57].

---

[55] Véase A. MILLÁN-PUELLES, *El valor de la libertad*, Ediciones Rialp, Madrid 1995.

[56] Véase F. BERGAMINO, *La razionalità della libertà della scelta in Tommaso d'Aquino*, EDUSC, Roma 2002.

[57] Véase D. WESTBERG, *Right Practical Reason: Aristotle, Action, and Prudence in Aquinas*, Clarendon Press, Oxford 1994.

Vamos a decirlo de otra manera para terminar de explicar esta cuestión. Adán es capaz de juzgar de los bienes creados a la luz de la esencia o la fórmula misma del bien, es decir, a la luz de su conocimiento y deseo de la bondad misma. Por este motivo, Adán es capaz de elegir sin coacción entre los bienes creados. Ninguno puede aprisionar su voluntad libre porque ninguno es la bondad misma.

Podemos explicar la misma idea con otras palabras. La inteligencia es nuestra capacidad para conocer la verdad de las cosas. Frente a los bienes creados y finitos siempre podemos preguntarnos cuál es el que verdaderamente me conducirá a la bondad misma. La capacidad de cuestionar por la verdad de ese bien, o por su carácter real y no meramente aparente, está en la raíz misma de lo que llaman los filósofos el libre arbitrio.

La capacidad para la verdad está tanto en el origen como en el destino de la libertad humana. Es muy interesante mirar al contenido del único mandato divino que Adán recibe en este momento. Tiene prohibido comer del árbol de la ciencia del bien y del mal. Comer de ese árbol significa apartarse de la verdad que hace posible y plenifica su libertad.

Comer de ese árbol significa querer ser como Dios en el conocimiento del bien y del mal. Esta usurpación del lugar de Dios es una calumnia de la verdad de nuestro ser. Dios es la medida de toda la realidad. En la línea del bien, podríamos decir que Dios es la medida de todos los bienes porque Él es la bondad misma.

Hemos dicho que cada cosa es buena en la medida en que posee una participación en esa bondad. En cambio, el hombre no puede ser la medida del bien. Nosotros no somos el Sumo Bien. Por eso, para vivir de acuerdo con la verdad de nuestro ser, no podemos usurpar el lugar de Dios. No podemos erigirnos a nosotros mismos como la medida del verdadero bien. Es preciso que nos dejemos medir por la realidad. La medida trascendente de esa realidad es únicamente Dios mismo.

Esta consideración nos hace caer en la cuenta de que, si libremente somos fieles a Dios, lo seremos también a nuestro propio ser y a la realidad misma de las cosas. La desobediencia constituye no solo una infidelidad a Dios, sino también a toda la realidad y a la verdad misma de nuestro ser[58].

Ansia de amistad humana

La experiencia de la soledad originaria de Adán posee todavía un aspecto más. Como los dos anteriores, este aspecto le conduce a conocerse todavía mejor. La soledad originaria también manifiesta a Adán que su naturaleza racional es también *social*. Esta experiencia le muestra que para ser feliz, en esta tierra, necesita de la amistad de otra persona humana[59].

Es importante no precipitarse a identificar sin más el matrimonio como la respuesta a la soledad de Adán. En este nivel no estamos hablando solamente del matrimonio. Hemos afirmado la necesidad de la *amistad en general*. Como explicaremos más adelante, el matrimonio es un tipo especial de amistad. Por eso, también está incluido en esta reflexión.

La consideración de la amistad en general antes de reflexionar sobre el matrimonio como amistad es importante. Este es el motivo por el que San Juan Pablo II nos habla de *dos significados* de la soledad originaria en este punto. Estos dos significados tienen su correlato en la siguiente experiencia originaria, que es la de la unidad.

---

[58] Véase A. MILLÁN-PUELLES, *La libre afirmación de nuestro ser: Una fundamentación de la ética realista*, Ediciones Rialp, Madrid 1994.

[59] Véase S. FERNÁNDEZ BURILLO, *El amor de amistad como clave de síntesis metafísica*, «Studium», 35 (1995), pp. 53–83.

El *primer significado* de la soledad originaria es el descubrimiento de la propia naturaleza social. Se trata, en este caso, de una comprensión más profunda de la *necesidad de amistad en general* que toda persona humana tiene. Los hombres estamos hechos para vivir en sociedad. Somos seres para la comunión.

Ahora bien, esta ordenación a la amistad en general apunta a muchas realidades diferentes. Puede tratarse de la amistad paternal, maternal, fraternal, etc. En cambio, el *segundo significado* de la soledad originaria, también en el descubrimiento de la propia naturaleza social, es una profundización en el deseo natural del matrimonio. Se trata, en este caso, de una comprensión más profunda de la *ordenación hacia la comunión conyugal*. La diferencia sexual creada por Dios, es decir, el ser varón y mujer, posee una ordenación mutua hacia este modo específico de amistad.

La unidad originaria

Ahora vamos a presentar la segunda experiencia originaria. Se trata de la unidad *originaria*. Esta segunda experiencia está profundamente conectada con la anterior. Como consecuencia de esta conexión, encontramos *dos significados* de la unidad originaria que son *correlativos* con los dos últimos aspectos que hemos estudiado de la soledad originaria.

También es importante mantener en nuestra mente la unidad de todas estas experiencias. Hemos dicho que el carácter originario que las agrupa nos recuerda que estamos ante un proceso de crecimiento en el autoconocimiento de Adán. Cada una de estas experiencias, con todos sus aspectos y significados, hace que Adán se vaya comprendiendo cada vez más a sí mismo.

Este crecimiento en su autocomprensión le hace crecer en la conciencia sobre su propia identidad y vocación. Esto significa que este proceso le va descubriendo de una manera vivida y creciente quién es él y cuál es el sentido de su existencia.

Unidad de naturaleza y amor

Recordemos la afirmación más importante de la primera narración de la creación sobre la persona humana. Tanto el hombre como la mujer han sido hechos a imagen y semejanza de Dios. Esta enseñanza, breve y precisa, nos habla ya de la naturaleza social del hombre. De hecho, nos muestra que la persona humana ha sido creada para vivir y actuar junto con otros.

En cambio, el segundo relato nos va contando toda una historia detallada de cómo Adán va comprendiendo su ser creado a imagen de Dios. El punto en el que nos vamos a concentrar ahora es la autocomprensión de esta naturaleza social y, por tanto, de su vocación al amor.

La soledad ha hecho a Adán consciente de su racionalidad. Esta racionalidad posee muchos aspectos de los que ha cobrado conciencia a través de esta experiencia originaria. Obviamente, se trata de aspectos complementarios y mutuamente implicados entre sí.

Adán ha descubierto su lugar de honor en el mundo visible. Aunque su animalidad le asemeja a los irracionales, su racionalidad le sitúa en un plano específicamente distinto. Se ha descubierto como la unidad de su alma espiritual y la materia de su organismo.

También ha tenido la experiencia de la moralidad en cuanto que libre colaborador de Dios. Esta colaboración le ha intimado algo muy importante. Su vida debe estar subordinada a la verdad sobre el bien. Esta subordinación es una forma de amor, obediencia y fidelidad al Creador. De esta manera puede colaborar con Él, pero desde su lugar propio, el que le corresponde como criatura.

Por último, Adán ha tomado conciencia de su necesidad de amistad con otro ser humano. Esta necesidad le lleva a pensar acerca de su naturaleza social. No encontró entre los demás animales una ayuda adecuada (cf. Gn 2,20). Justo aquí, donde acaba la soledad originaria, es donde comienza la nueva experiencia que origina otra profundización en el autoconocimiento de Adán.

El pasaje fundamental que hay que explicar es la expresión de Adán al ver a Eva: «Esta sí que es carne de mi carne y huesos de mis huesos» (Gn 2,23). En la explicación de la soledad de Adán, hemos anticipado que la unidad originaria tiene dos significados correlativos a los mostrados en la soledad. Por el momento, hemos de concentrarnos en el primero. En este primer significado, tenemos que decir que *Adán conoce a Eva antes como hermana que como esposa.*

Como es propio de una experiencia originaria, la unidad en su primer significado ha de originar un nuevo proceso de comprensión en Adán. Este proceso añade algo a lo que hasta ahora se ha explicado. Estamos ante la primera vez que el hombre conoce a la mujer.

En ese momento, por vez primera, reconoce en ella a otro ser humano. Eva no es como los demás animales. Es un prójimo que posee el mismo valor que Adán. Ese «carne de mi carne» no quiere expresar solo el hecho de que la mujer fuera hecha del costado del varón. Se trata, más bien, de un reconocimiento de la dignidad personal de la mujer. Adán reconoce que Eva es persona como él.

79

Este reconocimiento no podría tener lugar si Adán no hubiera conocido lo que significa ser persona en sí mismo. Su experiencia previa, y su toma de conciencia como animal racional, es decir, como ser humano con dignidad personal, es un conocimiento necesariamente previo a este *re*-conocimiento.

Es evidente que no puede uno reconocer lo que no ha conocido antes. Dicho de otra manera, si uno no se conoce primero a uno mismo, no puede ser capaz de reconocer al otro como un «otro yo». La noción de «otro yo» (*alter ego*) presupone la de «yo» (*ego*).

Otro «yo»

La exclamación de Adán, ese canto de júbilo ante la contemplación de la mujer, es una actitud completamente opuesta a la deshumanización que comúnmente encontramos en nuestra cultura actual. No es extraño, en nuestro tiempo, ver cómo los hombres y mujeres se tratan entre sí de una manera contraria a su verdadera dignidad. Este versículo de la Escritura, en cambio, da testimonio de un auténtico reconocimiento de la dignidad personal. Adán reconoce la dignidad de Eva en cuanto otro ser humano[60].

Recordemos un pasaje evangélico fundamental para la vida cristiana. Preguntaron a Jesús por el mayor mandamiento de la Ley. Todos recordamos su respuesta. Amar a Dios con todo el corazón, con toda el alma, con todas las fuerzas y con todo el ser, es el primer y mayor mandamiento. Nuestro Señor añade, además, que el segundo mandamiento es semejante al primero. Este nos manda: «ama a tu prójimo como a ti mismo» (Mt 22,39).

---

[60] Véase A. MALO, *Io e gli Altri: Dall'identità Alla Relazione*, EDUSC, Roma 2010.

Pues bien, es preciso caer en la cuenta de que para cumplir este mandamiento, antes del acto de amor de la voluntad, se requiere un acto del entendimiento. Si se trata de amar como a uno mismo, primero hay que conocer al prójimo como prójimo, es decir, como «otro yo».

Volvamos a la expresión que venimos comentando. En su primer encuentro con Eva, Adán tiene una comprensión clarísima de la dignidad de la mujer en cuanto ser humano. Por eso, su voluntad, de manera casi espontánea y sin esfuerzo, la ama como él se ama a sí mismo.

Dicho de otra manera, esta es la primera vez que el mandamiento del amor, que hemos citado, se cumplió entre las personas humanas. Y es importante señalar que a Adán se le hizo fácil y gozoso cumplirlo.

Para hacer honor a la verdad, tenemos que señalar que no estamos ante un proceso discursivo de la mente de Adán. Cuando vio a Eva, Adán no se puso a reflexionar partiendo de premisas para llegar a la conclusión que venimos comentado. No se trata de un razonamiento discursivo. Adán ha percibido que Eva es otro ser humano por un estricto *re-conocimiento*.

En la experiencia de la soledad, Adán se ha experimentado y conocido en cuanto ser humano. Ahora esa experiencia se transfiere a Eva. El «yo» de Eva no le es accesible a su experiencia como su propio yo.

Todos tenemos experiencia de que esa particular percepción interna es totalmente intransferible. Todos nos vivimos a nosotros mismos, por decirlo de una manera sencilla, tanto «desde dentro», como «desde fuera». En cambio, a los demás los experimentamos de un modo más externo.

Para Adán, sucede de la misma manera. Sin embargo, la mediación del cuerpo de Eva la manifiesta como persona. A través de la percepción del cuerpo personal del otro, y gracias a la transferencia de la que hemos hablado, tenemos un conocimiento de características muy particulares de la otra persona como alguien que «es un yo para sí como yo lo soy para mí». Adán, reconociendo a Eva como persona, la conoce como su compañera adecuada.

Unión común

Hasta ahora estamos concentrados en el mundo interior de Adán. Este es el prisma desde el que estamos examinando todo este proceso de las experiencias originarias a la luz del texto bíblico. Ahora es momento de hacernos una pregunta más. Y Eva, ¿tuvo esa misma experiencia de la hablamos al ver a Adán? La Escritura no parece darnos muchas pistas. Si leemos Gn 2,24, ahí se nos dice que los dos serán una sola carne. Cabe la posibilidad de ver en esa afirmación que la experiencia fue mutua o recíproca, es decir, que Eva tuvo la misma experiencia de Adán, desde su propio punto de vista. Podríamos decir que fue una experiencia *convivida*. Adán y Eva se experimentan como *comunidad*. Esto significa una manera de estar unidos fundamentada en el compartir el mismo *munus*, esto es, la misma misión.

La respuesta afirmativa nos hace presuponer, entonces, que el mismo análisis de la experiencia que hacemos desde la perspectiva de Adán, hay que aplicarlo a Eva. En este momento de encuentro y de reconocimiento, es importante notar que el hombre se experimenta a sí mismo de una manera nueva.

El encuentro y conocimiento interpersonal tiene esta peculiaridad. No se trata solo de que yo percibo a un «alguien» que es capaz de percibirme a mí como yo a él. Además, me doy cuenta de mí mismo en cuanto capaz de ese conocimiento y en cuanto conocido. Adán se percibe, en este momento, en cuanto que es conocido por Eva.

Estas nuevas experiencias muestran a Adán y Eva que, entre ellos, puede darse el *diálogo*. La palabra diálogo procede del Griego. Significa, literalmente, «a través (*dia*) de la razón (*logos*)». Ya anunciamos algo sobre este asunto antes. Es precisamente porque se puede dialogar, por lo que se puede cooperar libremente. Porque Adán puede conversar con Eva, es por lo que pueden colaborar. Por este motivo, a diferencia de los demás animales, ella sí que es una compañera o colaboradora adecuada.

Esta solidaridad en el ser, es decir, esta unión común en la misma naturaleza, tiene sus repercusiones morales. No se trata solo de una hecho existencial. Esta comunión en el ser es fundamento de una responsabilidad moral. Ambos tienen que respetarse según la dignidad personal que comparten. Los dos son responsables, el uno del otro.

Ahora conviene hacer un subrayado. Como puede verse, todavía no hemos hablado de matrimonio. Lo dicho hasta ahora, podría aplicarse a cualquier comunidad de personas. Es cierto que también puede aplicarse a los casados, pero no solo a ellos. Por eso, no hemos tocado todavía lo que es específico de la comunidad matrimonial. Lo vamos a hacer ahora. Es momento de explicar el segundo significado de la unidad originaria.

Dimensión conyugal de la unión

Este segundo significado está relacionado con la dimensión conyugal de la unidad originaria. Comencemos por prestar atención a la palabra que hemos usado. El adjetivo «conyugal» hunde sus raíces en el sustantivo «yugo». El yugo es un instrumento que se usaba mucho antes de que existieran los tractores. Servía para aunar a dos animales en la labranza de la tierra. Su función principal era orientarlos en la misma dirección. Esa orientación común les permitía compartir su fuerza de un modo eficaz.

Pues bien, esta descripción gráfica permite hacerse una idea del significado de la unión conyugal. Los esposos están unidos en una misma dirección. Por decirlo así, comparten un mismo yugo. Esta dirección no es otra que el fin primario del matrimonio, a saber, la *procreación*. Esta es la orientación o el fin que distingue al matrimonio de otros tipos de amistad.

Ahora tenemos que mirar la unión de Adán y Eva bajo este prisma. Se trata de una nueva dimensión de su *unidad originaria*. Se reconocen, en esta dimensión de su unidad, como un nosotros conyugal. En esta comunidad, los dos son *una sola carne*.

La complementariedad de los sexos

Esta dimensión conyugal de la unidad originaria esclarece la complementariedad de los sexos de Adán y Eva. Ambos son seres humanos. Ambos poseen la misma naturaleza. Sin embargo, Adán es *varón* y Eva es *mujer*. Esta diferencia no puede suprimirse o pasarse por alto. No se trata de algo de escasa importancia.

Las personas humanas son, sin excepción, varón o mujer. Cada uno de ellos existe de una manera distinta y, a la vez, complementaria[61]. Parece que en nuestro tiempo se ha perdido la comprensión de esta complementariedad[62]. En ocasiones, con el fin de defender la igualdad en la dignidad del hombre y la mujer, encontramos una simple negación de la diferencia.

---

[61] Véase TDC, 8:4.
[62] Véase P. ALLEN, *Man and Woman Complementarity: The Catholic Inspiration*, «Logos», 9/3 (2006), pp. 87–108.

Cuando así se hace, se establece una identidad entre los sexos. En otras ocasiones, por el contrario, se resalta tanto la diferencia entre el varón y mujer, que se acaba en una polaridad de los sexos. Esta postura termina por negar la igualdad que existe en la dignidad natural de ambos.

La Palabra de Dios, en el relato de la creación, nos presenta una visión alternativa a esos dos errores. Tanto el varón como la mujer son creados a *imagen de Dios*. Esto tiene un significado inequívoco. Ambos poseen la misma dignidad natural. Se trata de la misma dignidad que Adán reconoce cuando jubilosamente exclama que Eva es carne de su carne y huesos de sus huesos.

Con todo, al mismo tiempo que se hace esta afirmación, queda claro que Adán es varón y Eva es mujer. Esta diferencia sexual es básica y fundamental para el segundo significado de la unidad originaria. Desde nuestra perspectiva, tenemos que decir que esa diferencia sexual es el resultado de la íntima unión de sus almas con la materia de sus organismos. No es este el lugar de explicar toda la filosofía necesaria para entender lo que, por otro lado, es un hecho, a saber, la diferencia sexual. Vamos a intentar comprender cómo la unión conyugal está basada tanto en esta diferencia, como en la complementariedad sexual, subordinadas ambas al fin de la procreación.

Bajo la bendición de la procreación

El matrimonio es esencialmente un tipo de amistad. Tendremos ocasión de ahondar en este tema. Ahora tenemos que hacer como un pequeño avance. La tradición llama al matrimonio «amistad conyugal». En perfecta consonancia con esta noción, hemos encontrado la secuencia de autocomprensión originada por la experiencia de la unidad originaria.

Las dos palabras que hemos usado para definir el matrimonio expresan tanto el género de esa comunión matrimonial, como su diferencia específica. Pues bien, en la *unidad originaria*, Adán y Eva comprenden, en primer lugar, su relación interpersonal en su género. Comprenden, entonces, que son amigos de igual dignidad natural. En segundo lugar, comprenden su relación desde el aspecto de la conyugalidad.

Esta segunda comprensión no es posible sin conocerse en cuanto varón y mujer. No cabe esa comprensión sin conocerse en cuanto dos maneras sexualmente diferentes, pero complementarias, de ser persona humana.

Pues bien, esta diferencia sexual puede (y debe) ponerse al servicio de la cooperación con el Creador. La bendición y el mandato del Creador de multiplicarse y poblar la tierra tiene aquí su lugar propio (cf. Gn 1,28)[63].

Lo más final es más formal

Vamos ahora a decir una palabra sobre el bien común del matrimonio. Dicho bien común es la procreación. Esto significa que el bien común de la comunidad matrimonial es formar una familia que crezca en la virtud. La procreación es el fin primario del matrimonio. Para comprender esta afirmación, es muy importante darse cuenta de que dicho bien común incluye en sí todos los demás fines propios del matrimonio. Veámoslo con un poco más de detenimiento.

Alguno de los lectores estará pensando que el fin más importante del matrimonio es que los esposos estén unidos. La cuestión es que la unión de los esposos, la mutua ayuda que estos se proporcionan, e incluso la maduración de su amor, está

---

[63] Véase *In IV Sent.*, d. 27, q. 1, a. 1, qc.1, c.

contenido a su manera en la procreación. Por ese motivo, aspirar a la procreación significa abrazar todos esos bienes.

¿Cómo sucede eso? Vamos a explicar brevemente esta cuestión. No es este el lugar de abundar en tecnicismos. Con todo, es de gran importancia aclarar el modo en que la procreación determina el significado mismo del matrimonio. Como sabemos, en nuestro tiempo no ha faltado quien intente definir el matrimonio de manera que pudiera darse en la unión de dos personas del mismo sexo. Eso es, sin duda alguna, del todo imposible.

El intento de redefinir el matrimonio es completamente vano. Pensémoslo bien. Definir una realidad no es algo que dependa de la voluntad, sino del *intelecto*. No podemos elegir la definición de algo a nuestro placer. Lo que las cosas son es algo que hemos de reconocer. Nuestra mente, para hacer una buena definición, ha de reconocer lo que la cosa que se quiere definir es *en realidad*. Las definiciones son un modo de penetrar en la esencia de las cosas.

Pongamos un ejemplo ridículo, pero necesario, para hacer luz en este punto tan importante. Imaginemos que todos los habitantes de la tierra se reunieran en un *referéndum* para acordar libremente que las vacas son animales alados.

No importa cuántos acuerdos, tratados o documentos firmaran. Tampoco importa que tuvieran la voluntad más decidida que jamás la historia humana hubiera conocido. Aunque desearan de todo corazón que aquello fuera verdad, la realidad es que ni una sola vaca de las que existen realmente sobre la faz de la tierra levantaría el vuelo.

Pues bien, el matrimonio tampoco puede ser redefinido. Se trata de una realidad que posee ya su propia esencia. Esta esencia no puede ser más que *reconocida*. Esa esencia, fórmula o núcleo más íntimo del matrimonio, es algo así como su *forma*.

Ahora es el momento de explicar cómo la procreación determina de manera decisiva la definición del matrimonio. Podríamos decir que, precisamente por ser el fin primario del matrimonio, es el factor principal que determina su fórmula o esencia.

Para comprender esta afirmación tenemos que captar un principio de orden filosófico. Quizá su comprensión requiera un pequeño esfuerzo, pero vamos a exponerlo con la máxima claridad que nos sea posible. Primero, vamos a enunciarlo ya aplicado a la realidad del matrimonio. Después, vamos a explicar cada una de sus partes.

El principio reza del siguiente modo: *lo que es más final, esto es, la procreación, es más formal o definitorio; porque el fin es la causa de las causas por ser la causa de la causalidad de las mismas*[64].

Volvamos a la explicación de las cuatro causas que ya hicimos con anterioridad. Distinguimos, entonces, entre la causa eficiente, la causa material, la causa formal y la causa final. Las personas humanas —Adán y Eva en el caso que andamos considerando en este capítulo— son los agentes o las causas eficientes de la existencia de la comunidad que llamamos matrimonio.

En cierta manera, son respecto al matrimonio lo que el escultor a la escultura. Ambos hacen ser esa comunidad conyugal. Ambos la constituyen. Ahora bien, la constituyen para actuar juntos en vistas a un fin común. Ese fin común es lo que hace que actúen juntos como un «*nosotros*». Ese objetivo común es lo que los reúne en dicha comunidad conyugal.

---

[64] Véase *De Principis Naturae*, cap. 4. *In IV Sent.*, d. 33, q. 2, a. 1, ad 4.

Pensemos ahora en la palabra «comunidad» o «comunión». Se trata de una palabra que indica una misión o *munus* común. Pues bien, la misión de la procreación es la que une al varón y a la mujer bajo el mismo yugo. Esta es la razón por la que la procreación determina la naturaleza de su unión común.

Dicho de otra manera, la procreación como «fin» es aquello de-*fine* qué tipo de comunidad es el matrimonio. La comunidad conyugal es una comunión de personas orientada al fin que la especifica, es decir, a la cooperación con Dios en la transmisión de la vida.

Dimensión interpersonal de la procreación

Hecha esta clarificación, volvamos a Adán y Eva. Estamos profundizando en el análisis del segundo significado que posee la unidad originaria. La conciencia que nuestros primeros padres tienen de su comunidad conyugal *origina* una comprensión ulterior de su unión, precisamente, en cuanto que es una unión *matrimonial*.

Como hemos dicho, esta unión incluye su diferencia sexual. Esta experiencia genera una comprensión de esa diferencia, vivida a la luz de la libre colaboración con el Creador en la transmisión de la vida. Es de capital importancia decir que la transmisión de la vida no solo consiste en la generación, sino también en la educación de los hijos.

Este carácter propio de la diferencia sexual, iluminado por la colaboración con Dios en la procreación, aparece con toda claridad en la Sagrada Escritura. El texto bíblico, cuando nos habla de la concepción de Caín, dice expresamente que fue engendrado *en colaboración con el Creador* (cf. Gn 4, 1)[65]. La

---

[65] Véase TDC, 29:3.

Palabra de Dios apunta, de este modo, a la manera característicamente humana de transmitir la vida.

Las personas humanas tienen un papel en la transmisión de la vida completamente específico, es decir, según aquello que diferencia específicamente a los hombres del resto de los animales. Solo Adán y Eva son colaboradores del Creador. Solo ellos pueden colaborar libremente en la creación de otras personas humanas.

Es crucial que pensemos bien esta cuestión. Cuando hablamos de la transmisión de la vida en el resto de vivientes, utilizamos la palabra «reproducción». En cambio, si estamos hablando de la transmisión de la vida humana, hemos de utilizar la palabra «procreación». *Las personas humanas no se reproducen, sino que procrean.*

En esta perspectiva, la colaboración con el Creador, como objetivo primario que une a los cónyuges, hace que Dios siempre esté presente *«como debe estarlo»* en la unión conyugal. Como dijimos, la santidad guarda una relación directa con la caridad.

Por eso, para que un matrimonio sea santo, el *amor teologal* debe estar presente en la unión entre el varón y la mujer. Cuando así sucede, el motivo principal por el que los esposos se aman es Dios mismo. Pues bien, Dios está presente en la unión conyugal de Adán y Eva. Su objetivo como matrimonio es colaborar en la transmisión de la vida movidos por la caridad[66].

Desnudez originaria

Ahora vamos a explicar la última de las experiencias originarias que nos relata el Génesis. Esta experiencia

[66] Véase TDC, 10:2.

manifiesta la belleza del estado de justicia original con una claridad maravillosa. La belleza es un esplendor especial que irradian la verdad y el bien en cuanto que poseen un orden y una armonía propios.

Dios creó al hombre y a la mujer cómo un resumen de toda la creación. Eso implica que las personas humanas son seres complejos. Poseemos algo del mundo mineral, algo del mundo vegetal, también del mundo animal y, por último, del mundo angélico. En el estado de justicia original, dentro de los hombres, existía una bellísima armonía. Dios hizo a Adán y Eva de manera que existiera, en su interior, una perfecta subordinación de lo inferior a lo superior.

La palabra «subordinación» implica, como todos podemos comprender, un cierto orden. Para comprender qué significa esta subordinación en particular hemos de advertir, precisamente, la complejidad humana. Esta última da razón de la multiplicidad de *facultades* que posee el alma humana. Vamos a detenernos un momento en esta cuestión.

La palabra «facultades» significa, en este contexto, algo así como poderes o *potencias*[67]. Son capacidades de actuar de un cierto modo. Pongamos algún ejemplo. La facultad de la visión, que es la vista, nos confiere el poder ver. De manera similar, la facultad de entender, que es el entendimiento, nos proporciona la capacidad de entender.

Estos poderes o capacidades existen en nuestra alma, pero no se identifican con ella. ¿Qué significa esto? El alma es el primer principio de la vida. Es aquel principio que *anima* a los seres vivientes. Llamamos inanimados a los seres que no poseen la vida, es decir, a los que son meramente minerales. Por tanto, el

---

[67] Véase *ST* I, q. 77.

alma siempre está en acto, o sea, vivificándonos mientras que vivimos.

En cambio, todos esos poderes que tenemos (ver, oír, entender, imaginar, recordar, etc.) no siempre los estamos actuando. Dicho de otra manera, no siempre estamos haciendo todo lo que *podemos* hacer. Ningún ser humano está continuamente sintiendo ira, alegría, tristeza o esperanza al mismo tiempo, continuamente, de día y de noche. Tampoco andamos continuamente recordando, imaginando, escuchando o mirando. Por este motivo, nos damos cuenta, con facilidad, que existe una *distinción real* entre nuestra alma y nuestras facultades.

Ahora bien, si las facultades que posee nuestra alma son diferentes, ¿existe entre ellas un orden de perfección?¿son algunas más importantes o más perfectas que otras? La respuesta, sin duda, es afirmativa.

Todos podemos reconocer una diferencia de categoría, o de importancia, entre lo mineral, lo vegetal, lo animal y lo espiritual. Obviamente, todos los seres tienen su importancia. En efecto, todas las criaturas son buenas, pero no lo son todas en el mismo grado. De manera semejante, todas las facultades de nuestra alma tienen su razón de ser. Todas son realmente buenas. Sin embargo, no lo son con la misma importancia.

Pongamos un ejemplo. La memoria es un poder más perfecto que el sentido del tacto. De hecho, podemos pensar en muchos animales que poseen el sentido del tacto, pero no tienen memoria. Los que, por el contrario, poseen memoria son más perfectos; o lo que es lo mismo, son más desarrollados.

Caigamos en la cuenta de qué es lo propio de la vida animal. Está claro que es la vida sensitiva. Pues bien, los animales que poseen no solo el tacto, sino también la memoria sienten más y

COMO CRISTO AMÓ A SU IGLESIA

mejor. Son más perfectos en cuanto a la vida sensitiva. En conclusión, son animales más perfectos.

Entonces, ¿cuáles son las facultades más perfectas o importantes de entre todas las que posee el alma humana? No cabe duda. Son las facultades espirituales. Las capacidades más importantes de la persona humana son el intelecto y la voluntad.

En orden descendente de perfección, a las espirituales les siguen las facultades sensibles internas, es decir, los sentidos internos y los apetitos sensitivos. Gracias a estos, somos capaces de percibir sensiblemente, valorar lo particular, imaginar, recordar sensiblemente, experimentar las pasiones, etc. Podríamos seguir descendiendo por los sentidos externos hasta las facultades vegetativas. Sin embargo, pensamos que es suficiente para el punto que queremos explicar.

No solo existen grados de importancia que nos permiten hacer un catálogo ordenado de las facultades. No se trata de un afán de hacer clasificaciones. La filosofía nos enseña que todas las facultades proceden unas de otras. Las inferiores proceden de las que son inmediatamente superiores. Este orden de procedencia según el origen tiene su razón de ser. El motivo de esta procedencia es su destino. *Las facultades inferiores están hechas para las superiores.* Este principio es muy importante para el tema que estamos tratando.

A la luz de este principio, podemos hacer importantes reflexiones. Por ejemplo, nos damos cuenta de que el cuerpo humano es el más apto para la vida de un animal inteligente y capaz de actuar libremente. No se trata del cuerpo más apto para la vida meramente animal.

Si lo pensamos bien, hay muchos cuerpos animales que poseen sentidos externos más desarrollados que los humanos. La cuestión no es que el hombre, por ser el más perfecto de los animales, deba tener la mejor vista, el mejor oído o el mejor tacto. El punto consiste en que toda la sensibilidad humana está configurada para servir a las facultades espirituales, es decir, a la mente y la voluntad[68].

Volvamos al estado de justicia original de Adán y Eva. En el Paraíso existía una grado de perfección, de armonía y de orden entre las diversas facultades humanas que es desconocido para todos los que hemos nacido afectados por el pecado original. El orden habitual que existía entre las facultades de sus almas es lo que hacía posible que no sintieran vergüenza a pesar de estar desnudos.

Adán y Eva no experimentaban esas violentas reacciones pasionales que nosotros experimentamos. No existía en ellos rebelión alguna de su sensibilidad. Sus sentidos no se alzaban contra la racionalidad.

Para que nos entendamos, nuestros primeros padres solo sentían lo que querían sentir y cuando querían sentirlo. Esta armonía originaria no era más que una redundancia de otra armonía más primordial.

Pensémoslo detenidamente. En el Edén lo inferior del mundo visible se sometía al hombre. En el interior del mismo hombre, sus potencias inferiores se subordinaban a su mente y voluntad espirituales. Todo en la misma manera en que los hombres, con su mente y corazón, se subordinaban a Dios. En este misterio de gracia, toda la creación visible vibraba en un orden y armonía que constituía de suyo un canto de alabanza a la Gloria del Creador.

---

[68] La siguiente obra estudia el orden debido a las facultades humanas desde una perspectiva más contemporánea: K. WOJTYŁA, *Persona y Acción*, R. Mora (trad.), Ediciones Palabra, Madrid 2011.

La rebelión del pecado

Este canto de alabanza, como todos sabemos, quedó brutalmente interrumpido. La armonía reinante llegó a su fin por ese pecado que llamamos original. Adán y Eva rompieron su bella relación con Dios. Este primer pecado del hombre posee la naturaleza del orgullo. Nuestro primeros padres cayeron en la tentación de la serpiente. Intentaron ser como Dios, pero *sin Dios*[69].

Este pecado trajo consecuencias nefastas. Estamos ante la gran catástrofe de la historia de la humanidad. Tanto la unidad como la inocencia originarias desaparecieron. Toda la armonía se cimentaba en la comunión con Dios. Cuando el pecado la rompió, todo el orden originario quebró, por decirlo de alguna manera[70].

Podemos ver ahora al hombre acusando tanto a la mujer como a Dios de sus males. Al ser cuestionado por Dios sobre su desobediencia, Adán responde diciendo que el problema no estaba en él. El problema es «la mujer que *Tú* me diste». Como se ve en esa expresión, la comunión que reinaba tanto con Dios como con la mujer ha desaparecido.

El pecado original no es algo que afectó solo a nuestros primeros padres. Dicho pecado no recibe ese nombre únicamente por haber sido el primer pecado. Además, constituye una herencia que se transmite a los hijos de Eva por generación. Cuando una persona humana es concebida, hereda este pecado de nuestros primeros padres, tal y como dice el Salmo: «pecador me concibió mi madre» (Sal 51,5).

---

[69] M. E. DYSON, *Pride: the seven deadly sins*, Oxford University Press; New York Public Library, Oxford; New York; New York 2006.

[70] Véase S. J. JENSEN, *Sin: A Thomistic Psychology*, The Catholic University of America Press, Washington 2018.

Este pecado no ha destruido la naturaleza humana. Seguimos siendo concebidos como seres humanos, pero profundamente heridos. Las heridas del pecado original son resumidas por la tradición en cuatro: la ignorancia, la malicia, la debilidad y la concupiscencia. Vamos a decir una palabra para ilustrarlas.

La *ignorancia* es la herida que afecta a nuestro entendimiento. El pecado original lo ha oscurecido. Por este motivo, nos cuesta trabajo vislumbrar la verdad. No se trata de que ahora no seamos capaces de conocer verdad alguna.

La ignorancia consiste, más bien, en que ciertas verdades muy relevantes para la vida humana se han vuelto difíciles de alcanzar. Por ejemplo, pensemos en la existencia de Dios. Esta es una verdad alcanzable y demostrable por la razón humana; pero en el estado de ignorancia actual, no todas las personas son capaces de alcanzar la certeza racional que esa demostración provee. Por último, hay que decir que ese oscurecimiento de nuestro entendimiento causado por la ignorancia se extiende incluso al terreno de la verdad sobre el bien, es decir, al terreno del conocimiento moral.

La *malicia* es la herida que afecta a nuestra voluntad. El pecado ha debilitado el poder de nuestro apetito racional. La malicia consiste en que el pecado nos atrae hasta tal punto que nos seduce incluso sin que nos veamos arrastrados por las pasiones. No se trata de que algo bueno sea apetecido de manera sensible con mucha intensidad oscureciendo nuestro juicio racional. No estamos hablando de una seducción sensible. Por supuesto, tampoco estamos diciendo que la voluntad elija el mal por el mal. Más bien, lo que sucede es que, por la herida de la malicia, la voluntad encuentra una razón de bien para elegir pecar.

La *debilidad* y la *concupiscencia* son las heridas que afectan a nuestras *pasiones*. Estas últimas también se vieron afectadas por la rebelión de nuestros primeros padres contra Dios. De la misma manera que los hombres, siendo inferiores al Señor, se han rebelado contra Él; ahora, lo que es inferior en el hombre se rebela contra lo que es superior. Todos tenemos la vivencia de esta herida del pecado original cuando experimentamos la rebelión de nuestras bajas pasiones.

Nuestros deseos se rebelan contra nuestro espíritu, a saber, contra nuestra voluntad y nuestro entendimiento. No sentimos lo que queremos sentir, ni tampoco cuando queremos sentirlo. Nuestros sentimientos, en nuestro estado actual, son como ciudadanos rebeldes que han perdido de vista el bien común para mirar solo su bien privado. Se rebelan y protestan a favor de sus propios intereses. En esta línea encontramos las dos heridas que nos faltan por considerar. Por una parte, la *concupiscencia* consiste en un desorden del deseo. Nos sentimos atraídos desordenadamente por ciertos bienes sensibles. Por otra parte, la *debilidad* es una cierta flojera, flojedad o falta de fortaleza para buscar los bienes que son difíciles de conseguir.

Es iluminador considerar estas heridas una por una, pero también es importante considerarlas todas juntas. San Juan Pablo II, cuando las considera todas juntas afectando al comportamiento humano, las llama *el ethos de la concupiscencia*. Este *ethos* oscurece el significado esponsal del cuerpo, o lo que es lo mismo, nuestra vocación a la caridad.

La redención del corazón

Dios no abandona al género humano tras la catástrofe del pecado. Hemos tenido ocasión de contemplarlo en el primer capítulo de esta obra. Nuestro Señor, por un decreto insondable de su infinita Sabiduría, ha elegido salvarnos a través de la Encarnación redentora. Como hemos subrayado anteriormente,

97

podría haber elegido otras muchas maneras. No obstante, le ha parecido que esta es la más conveniente y benéfica para nosotros.

Por un prodigio de amor, el Hijo de Dios, la Segunda Persona de la Santísima Trinidad, se ha hecho hombre por nuestra salvación. Pasó por este mundo como uno de tantos, se hizo pequeño, semejante a nosotros en todo salvo en el pecado. Siendo inocente, padeció, fue crucificado, murió, fue sepultado. Resucitó de entre los muertos para que nosotros, malvados y pecadores, tuviéramos una vida nueva. Nos amó y se entregó por cada uno de nosotros. Estábamos en su Sagrado Corazón con nombre y apellidos. Nos amó hasta el extremo para redimir nuestro corazón cautivo, para hacernos hijos adoptivos del Padre y para darnos la capacidad de vivir como tales unidos a Él. Esta nueva vida es una participación e imitación de la vida del único Hijo de Dios, Nuestro Señor Jesucristo.

Esta nueva vida es, como hemos avanzado anteriormente, la vida de la *gracia*. Cuando se considera la gracia, en el influjo que tiene en nuestra manera de vivir, San Juan Pablo II denomina *el ethos de la redención* al nuevo estilo de vida que engendra. En efecto, la gracia de Cristo nos abre la puerta a una nueva manera de ser, vivir y actuar.

La Humanidad Santísima de Jesús, especialmente su Sacratísimo Corazón, es el manantial de esta gracia así como el canal de su comunicación. Ordinariamente, del corazón de Cristo llega hasta nosotros esta gracia a través de los sacramentos. Los sacramentos de la Iglesia son como una prolongación de la Humanidad Santísima de Cristo. A través de ellos, Cristo mismo nos toca para comunicarnos su gracia.

En el terreno de la gracia, hay que hacer algunas distinciones. Obviamente no vamos aquí a ser exhaustivos. Con todo, sí que conviene decir alguna idea fundamental. Por la gracia, la

Santísima Trinidad viene a habitar en nuestros corazones y, también, somos transformados interiormente tanto en lo tocante a nuestro ser como en lo referente a nuestras capacidades para obrar.

La gracia de inhabitación por la que Dios está en nuestra alma no solo como creador, sino como Padre y Amigo es lo que se denomina tradicionalmente *gracia increada*. En cambio, se le da el nombre de *gracia creada* a la gracia santificante que nos hace ser hijos de Dios, es decir, partícipes de la naturaleza divina. No se trata, como dijimos, de que dejemos de ser hombres o que sustancialmente seamos transformados en Dios. La gracia santificante es un hábito entitativo que nos hace hijos adoptivos de Dios sin dejar de ser hombres. Es una cualidad adquirida de nuestra alma que *realmente* nos transforma.

Esto no es todo. Además de la gracia increada y la gracia santificante, hemos de considerar aquí la gracia habitual operativa. Ya tuvimos ocasión de hacer alguna referencia a ella. Esta gracia es la que determina más próximamente eso que hemos llamado, con San Juan Pablo II, *el ethos de la redención*. Se trata del conjunto de virtudes y dones que nos capacitan para actuar de acuerdo con ese *ser hijos de Dios en el Hijo*.

Conforman este organismo de vida sobrenatural las *virtudes teologales* y las virtudes cardinales infusas, ambas coronadas por los dones del Espíritu Santo. La fe, la esperanza y la caridad nos conducen a la unión con Dios en cuanto Verdad, en cuanto Bien Beatífico y en cuanto Amigo.

Por su parte, las virtudes cardinales infusas nos ordenan según la recta razón iluminada por la fe. La *prudencia* infusa hace capaz a nuestra mente discernir la voluntad de Dios en cada momento para guiar nuestras elecciones. La justicia infusa nos hace amar el bien común natural y sobrenatural y, por tanto, conducirnos en nuestras relaciones interpersonales según Dios.

Por último, la templanza y la fortaleza infusas ordenan, integran y disponen nuestros deseos para que podamos tener los mismos sentimientos de Cristo Jesús.

Por último, los dones del Espíritu Santo nos hacen receptivos a las mociones divinas. Cuando la caridad va creciendo, dejamos libremente que, cada vez más, Dios mismo se vaya apoderando de nuestra vida. Es entonces cuando la vida mística, que es el desarrollo ordinario de la vida cristiana, se manifiesta en todo su esplendor.

La Santísima Trinidad que habita en nuestro corazón como en un templo es conocida, amada y poseída por el alma cristiana con una dulce intimidad que será plenificada en la Gloria del Cielo. A su vez, la Santísima Trinidad mueve al *modo divino* la vida del alma con la que vive este *íntimo y dulce diálogo amoroso de mutua posesión.*

En este punto de la vida cristiana es donde el Espíritu Santo obra con mayor plenitud la conformación de la vida del cristiano con la de Cristo. Es algo tan real y tan intenso que San Pablo llega a decir que «Ya no soy yo sino Cristo quien vive en mí». En efecto, la vida cristiana se convierte en *dejar a Cristo vivir su vida* en mí.

Nuestra reflexión debe continuar sin perder de vista esta maravillosa doctrina. En el *ethos de la redención* vemos el culmen de la vocación cristiana al amor en este mundo. Ahora, en lo que sigue de nuestra obra, queremos examinar con un cierto detalle catequético cómo el sacramento del matrimonio, en particular, se despliega dentro de este *ethos de la redención.*

Para hacer este examen, vamos a explicar, en el próximo capítulo, cuál es la esencia del matrimonio en cuanto amistad conyugal, tanto en su nivel natural como sobrenatural, es decir, en tanto que sacramento.

COMO CRISTO AMÓ A SU IGLESIA

LA ESENCIA DEL MATRIMONIO

La palabra «matrimonio»

Los nombres son importantes. Los hombres que hablan los diferentes idiomas son los que van dando nombre a las distintas realidades que van conociendo. Si lo pensamos detenidamente, esos nombres se suelen dar por alguna razón. En cierta manera, examinar esos nombres, su etimología, su sentido más frecuente, nos acerca a la sabiduría acumulada de muchos pueblos a través de la experiencia humana multisecular.

El nombre «matrimonio» nos dice cosas muy importantes sobre la realidad que estamos estudiando[71]. El origen de esta palabra está en el Latín. Procede del vocablo *«matrimonium»*. Su etimología es bastante discutible. Tanto es así que podemos considerar al menos cinco posibles orígenes.

Insistamos una vez más. El estudio de la etimología es importante. No se trata de hacer un *show* de erudición. Más bien, la cuestión es mostrar cómo este nombre ha sido elegido para significar la realidad del matrimonio. El motivo de esta elección es, precisamente, la *evidencia* del rol fundamental y especificante que, en la comunidad matrimonial, posee la procreación.

Comencemos con la primera posibilidad. La palabra

---

[71] Véase A. SARMIENTO, *El Matrimonio Cristiano*, EUNSA, Pamplona 2001.

«matrimonium» puede resultar de la conjunción de los nombres *«matris»* y *«munus»*. Esta etimología resaltaría en el matrimonio la misión que la madre tiene de educar a sus hijos. En esta línea, una mujer debería casarse porque ama a su marido tanto que quiere ser madre de sus hijos.

Veamos el segundo caso. También podría reflejar el vocablo *«matrimonium»* la suma de otros dos términos latinos, a saber, *«matrem»* + *«muniens»* (del verbo *«munio»*, que significa proteger o fortificar). Este origen resaltaría algo distinto al anterior, aunque complementario. El matrimonio provee a la mujer, gracias a la persona del marido, el apoyo y la fortaleza necesaria para la realización de su misión maternal.

Consideremos ahora la tercera opción. El término *«matrimonium»* podría ser el producto de la conjunción de las voces latinas *«matrem»* + *«monens»* (del verbo *«moneo»*, que significa advertir). Esta procedencia subrayaría que el matrimonio es una advertencia para la mujer que debe ser madre. La misión de la maternidad exige que no se abandone al marido por otro hombre.

Procedamos a la cuarta alternativa. *«Matrimonium»* podría tener su raíz en la unión de los términos *«materia»* + *«unius»*. Esta posibilidad hablaría de la unión que el matrimonio supone para el hombre y la mujer. Dicha unión sería la materia adecuada de la procreación. En esta materia es donde Dios crearía *ex nihilo* el alma del bebé.

Concluyamos con la quinta y última posibilidad. La palabra *«matrimonium»* podría ser el resultado de la conjunción de los términos *«matre»* + *«nato»* (del adjetivo *«natus»*, que significa nacido, destinado, querido). En este caso, la etimología enfatizaría que el matrimonio concede las condiciones para el cumplimiento de la vocación humana de la mujer al amor. Se pondrían las condiciones para que pudiera realizar su destino en la misión de la maternidad.

Todas las etimologías son muy interesantes. Por supuesto, ninguna de ellas nos dice con exactitud cuál es la esencia del matrimonio. Con todo, nos dejan ver ya muchos puntos importantes. De manera particular, todas evidencian el papel central que la procreación tiene a la hora de especificar qué tipo de amistad es el matrimonio.

La amistad conyugal

Los desafíos del mundo contemporáneo, en lo que toca al matrimonio y la familia, son muchos[72]. Estamos convencidos de que uno de los más grandes es redescubrir su verdadera esencia en cuanto *amistad conyugal*[73].

La mentalidad de muchos de nuestros jóvenes es bien diferente a la propuesta que hacemos. Piensan, frecuentemente, que el amor entre los esposos es incluso opuesto a la amistad. Pensemos en el siguiente tópico. Una chica es pretendida por un chico que está interesado en comenzar una relación de noviazgo con ella. En cambio, la joven no está interesada en ese tipo de relación.

Pues bien, en muchas ocasiones, si quiere darle una respuesta que sea, a la par, evasiva, pero amable; la muchacha en cuestión puede decirle algo así: «es mejor que seamos amigos» o «no arruinemos nuestra amistad». Aunque parece un estereotipo de serie televisiva juvenil, este cliché manifiesta toda una mentalidad en su trasfondo.

No se trata de una pequeña falta de comprensión sobre el

---

[72] Véase S. Girgis – R. Anderson – R. George, *What is Marriage? Man and Woman: A Defense*, Encounter Books, New York 2012.
[73] Véase *SCG* III. 123.

matrimonio. Perder de vista que el matrimonio es una forma *amistad* es olvidar el género en el que se enmarca el carácter *conyugal* de esa relación. Sucede algo similar cuando se quiere entender al hombre olvidando que su razón y libertad, propias de un ser espiritual, son las específicas de un ser que no sólo es espiritual, sino también animal.

Cuando se cae en este reduccionismo, que podemos llamar espiritualismo, no solo se pierde de vista una parte del ser humano, sino que la parte que se atiende nunca puede ser bien comprendida. La deriva de la reflexión sobre el matrimonio posee el mismo riesgo si se olvida su naturaleza genérica como amistad. Al margen de esta última, la conyugalidad no puede ser comprendida correctamente.

Consideramos que es importante atender este problema. Como a todo problema de este orden, podemos encontrarle ciertas razones. A nuestro juicio, una parte importante de la cuestión se funda en un olvido relativo de la amistad misma.

Por este motivo, es importante aclarar varias cuestiones. No podemos entender cómo la procreación especifica el matrimonio como un tipo de amistad, si no conocemos, con cierta claridad, qué es la amistad, cuáles son sus grados, cuáles son sus tipos y cómo los fines que la orientan distinguen unos tipos de otros.

Ya apuntamos la importancia de esta última cuestión cuando explicamos el segundo significado de la experiencia de la unidad originaria. Ahora es el momento de detenernos para clarificarlo un poco más.

¿Qué es la amistad?

Todos sabemos, más o menos, qué es la amistad, pero no todos somos capaces de definirla. Le sucede a la amistad como a otras muchas realidades que son habituales en la vida humana. Pensemos, por ejemplo, en el tiempo. ¿Qué hombre no sabe absolutamente nada de lo que es el tiempo? Todos lo vivimos.

En cambio, no es sencillo tener un conocimiento suficientemente claro del tiempo como para dar una definición. Pues bien, vamos a ofrecer una definición de la amistad. Esta definición arrojará mucha luz sobre esa realidad presente en la vida ordinaria de las personas humanas. Además, será de gran ayuda para comprender el matrimonio como amistad conyugal.

La amistad puede definirse como *un amor benevolente, conscientemente recíproco, y fundamentado en la comunicación de bienes como la vida, los secretos, la mente, la voluntad y los sentimientos*[74]. Pensamos que esta es una verdadera definición. Como tal, nos presenta la fórmula misma, la esencia o el núcleo íntimo que constituye la amistad.

Ahora vamos a explicarla en cada una de sus partes. De esta manera, obtendremos mucha luz para comprender por qué el matrimonio no puede ser entendido adecuadamente fuera de este género.

Insistamos, una vez más, en lo importante que es entender el género de una realidad que queremos estudiar. Pongamos otro ejemplo. Las manzanas son frutas. Ese es su género. No hay manera de entender lo que una manzana es sin saber qué es una fruta. De la misma manera, la amistad es el género del matrimonio. No puede entenderse el matrimonio sin saber lo que es la amistad.

Comencemos con las partes de la definición de amistad. Esta es un amor *benevolente*. Tengamos muy en cuenta que no todo

---

[74] Véase J. RAMÍREZ, *De Caritate: In II-II Summae Theologiae Divi Thomae Expositio (QQ. XXIII-XLIV)*, *Opera Omnia*, vol. 12, Editorial San Esteban, Salamanca 1998.

amor lo es. La noción de amor es más amplia que la benevolencia; por decirlo así, abarca más. Para clarificarlo un poco más, digámoslo de otra manera. Toda benevolencia es una forma de amor. En cambio, no todo amor es benevolente. Muchos amores son simplemente sentimentales o pasionales.

Un amor meramente pasional no implica la voluntad. Sin embargo, la palabra «bene-*volencia*» ya nos indica que el querer debe estar implicado en su acto. La benevolencia es un tipo de *dilección*, es decir, se trata de un tipo de amor que implica una elección. Para ser más exactos, hay que decir que la benevolencia consiste en querer libremente el bien de otro.

La amistad requiere más que simple benevolencia. Para que exista amistad, esa benevolencia ha de ser conscientemente *recíproca*. Pongamos un ejemplo. Si Juan quiere el bien de María, pero María no quiere el bien de Juan; no existe la reciprocidad. En tal caso, tampoco existe la amistad. Para que exista esta relación, la benevolencia ha de ser mutua.

Podemos pensar un ejemplo para ilustrar este punto. Imaginemos un seguidor fanático de alguna celebridad. Pongamos una jovencita que admira y sigue a un actor de cine. Conoce todo sobre él. Y le desea lo mejor. Quiere su bien de corazón. ¿Podríamos decir que esa jovencita es amiga de ese actor? La respuesta parece estar muy clara. No son amigos. Lo que le falta a esa benevolencia es lo que hemos llamado *reciprocidad*. Para que exista amistad, la benevolencia ha de ser mutua.

La benevolencia recíproca, para ser amistad, también ha de ser *consciente*. ¿En qué consiste este punto? El carácter recíproco de ese amor interpersonal ha de ser conocido por ambas partes, es decir, mutuamente conocido.

Como en la nota anterior, también en esta podemos poner

algún ejemplo ilustrativo. Imaginemos que Juan quiere el bien de María. Y también que María quiere el bien de Juan. Tenemos una benevolencia mutua o recíproca. Imaginemos, además, que se quieren el bien en secreto, es decir, sin hacérselo saber el uno al otro. Si sucede de esta manera, esta benevolencia mutua no es todavía una amistad. Le falta la conciencia de la *reciprocidad*.

Comenzando con la segunda parte de la definición, decimos que la amistad se fundamenta en una cierta *afinidad*. La palabra que hemos utilizado es «comunicación de bienes». Muchas veces oímos decir que los polos opuestos se atraen. Efectivamente, esa afirmación posee alguna verdad. No obstante, la atracción de lo opuesto sucede, en realidad, solo porque a una persona le gustaría ser de otra manera.

De ese modo, alguien puede sentirse atraído por otro que, siendo opuesto bajo un cierto aspecto, encarna lo que él quisiera ser. También puede suceder esa atracción cuando los polos opuestos de los que hablamos son los propios de una oposición no de carácter contrario sino relativa. En el caso de los opuestos relativos, la oposición implica complementariedad.

En cualquier caso, la afinidad de que aquí hablamos tiene que ver con una cierta comunicación en los mismos fines o bienes. De esta manera, queda claro que no existe una atracción de polos opuestos en cuanto contrarios o contradictorios, es decir, en cuanto que uno es la negación del otro. No estamos hablando de una especie de magnetismo de los dos términos de una relación. Por el contrario, estamos ante una forma de complementariedad que pone las diferencias al servicio de un fin común.

Vamos a intentar ilustrar este punto con un ejemplo tomado de la vida deportiva. Pensemos en un equipo de fútbol. Los diferentes jugadores poseen roles distintos en el terreno de juego, pero todos tienen un mismo objetivo. Todos aspiran al mismo bien. Poseen un fin común.

Todos los miembros del equipo buscan ganar el partido. Para conseguirlo, han de marcar goles y evitar que los contrarios les marquen. Ese objetivo común los une entre sí. Hace que no sean un mero agregado de personas. Los hace ser específicamente un equipo de fútbol.

Ese mismo fin común es el que pone sus diferencias complementarias al servicio de un objetivo que trasciende a cada uno de los individuos. Ahora bien, no nos equivoquemos, aunque el bien común trasciende a cada uno de ellos, todos y cada uno, no solo han de sacrificarse y trabajar a su modo por ese fin, sino que también todos y cada uno participan de él. De esa manera, el portero, aunque su tarea específica es evitar goles, salta de alegría cuando el delantero de su equipo consigue meter uno. Ese gol también es suyo. La victoria es del equipo.

De manera semejante, la amistad se fundamenta en una comunicación de bienes. Esta comunicación tiene que ver con una forma de compartir muy particular. La segunda parte de nuestra definición ha apuntado a diferentes bienes que se comparten en la amistad. Vamos a comenzar con el primero de ellos.

En la amistad, se comparte la vida misma. Pensemos un poco en nuestra propia experiencia. No es extraño que, en ocasiones, nos distanciemos de personas a las que estábamos muy unidos. Los motivos pueden ser muy diversos. Imaginemos, por ejemplo, que nos hemos mudado a un país diferente. El tiempo va pasando. El contacto con aquellas personas va perdiéndose.

Frecuentemente, nos damos cuenta de que la amistad que nos unía a dichas personas va debilitándose. Es posible incluso que vaya desapareciendo. En efecto, para ser amigos es preciso compartir la vida. En nuestro idioma tenemos una palabra que expresa esta idea estupendamente. La amistad requiere *convivencia*.

A la vida, nuestra definición añade otros bienes que los amigos comparten. La amistad implica la comunicación de *secretos*. ¿Por qué sé que puedo compartir mis secretos con un amigo de verdad? Cuando tenemos un amigo, sabemos que aquel quiere nuestro bien. La conciencia de la reciprocidad de la benevolencia genera de suyo confianza mutua. Esa confianza es la que da lugar a las *confidencias* entre amigos. Sé que puedo contarle mis secretos a mi amigo porque siempre buscará mi bien.

Esta comunicación de secretos hace crecer la *intimidad* dentro de la relación amistosa. Este aumento de la intimidad nos ayuda a entender los últimos tres bienes que los amigos han de compartir según nuestra definición. En realidad, pueden ser resumidos en uno solo. A medida que aumentan tanto la convivencia como las confidencias, va produciéndose una cierta *concordia* o *sintonía espiritual*.

La palabra «*concordar*» nos habla aquí de compartir el mismo corazón. Como dijimos, el corazón no significa, en este contexto, el órgano físico. Eso no tendría sentido alguno. Más bien, se trata esa realidad íntima de nuestra alma de donde brotan nuestros pensamientos, amores y afectos más espirituales. Estamos hablando de compartir la mente y la voluntad. Por eso, hemos denominado también a esta *concordia* como una *sintonía espiritual*. Cuanto más íntima es la amistad, más profunda es esta sintonía.

Con esto no queremos decir que los amigos no puedan tener opiniones diferentes. Eso es, efectivamente, muy posible. No obstante, pensémoslo con honestidad. ¿Cómo podrían compartir la vida si su manera de entender dicha vida es contraria? Si nuestras visiones de la vida y del mundo son completamente diferentes, no parece que sea posible ser auténticos amigos. La amistad sincera implica, al menos, compartir una misma visión global de la vida. Es preciso comunicar en eso que los alemanes llaman *Weltanschaung* o en inglés dicen *worldview*. Esta es una cuestión de sentido común. Cuanto más coinciden los amigos en su manera de *ver las cosas*, más crecen en la similitud de su *querer* y de su *sentir* frente a las mismas situaciones o realidades.

Es muy importante, además, comprender que la amistad no solo se funda en esta comunicación, sino que también la va haciendo crecer a su manera. Como salta a la vista, la *sintonía espiritual* que acompaña a la amistad posee diversos grados. La intimidad no es la misma, por ejemplo, en el caso del equipo de fútbol que en el matrimonio.

La convivencia, las confidencias y la sintonía espiritual poseen diferentes grados de intimidad. En el equipo de fútbol, se comparten la *vida deportiva,* los *secretos tácticos y* la *afinidad en la comprensión, valoración y reacción frente a situaciones convividas en el terreno de juego.*

Todos comprendemos que en el matrimonio, el grado de intimidad ha de alcanzar a un grado superior. Por el momento, nos basta con retener que el grado de *sintonía espiritual* guarda una relación de dependencia con el *grado de amistad.*

Grados de amistad

La amistad admite grados. Parece que eso ha quedado bastante claro con los ejemplos que hemos ido considerando hasta el momento. Ahora tenemos que buscar la razón que da fundamento a esta gradualidad. En realidad, la hemos apuntado ya varias veces.

El grado de amistad depende del *motivo* del amor mutuo, es decir, de la *razón* por la que alguien quiere el bien de su amigo. Esta afirmación hunde sus raíces en los tiempos de la filosofía griega. Aristóteles, con mucho acierto, ya distinguía tres grados fundamentales de amistad[75]. Eso quiere decir que existen tres tipos de motivos para querer el bien de otra persona. Dichos motivos pueden ser la utilidad, el placer o la virtud[76].

Como venimos haciendo, vamos a poner algunos ejemplos que nos ayuden a comprender mejor este asunto. Imaginemos el siguiente escenario: yo soy amigo de Pedro. La benevolencia conscientemente recíproca que Pedro y yo nos tenemos puede estar motivada por las tres razones que hemos enumerado.

Pongamos por caso que yo quiero el bien de Pedro para que me invite a tomar cervezas cuando salimos. Obviamente, la relación que tenemos es muy superficial. Se trata de una relación interesada. Claramente, nuestra amistad está basada en la *utilidad*. Por supuesto, yo quiero que Pedro esté bien. Me conviene que esté de buenas para que me siga pagando las cervezas. Ahora bien, el día que deje de tomar cerveza por cualquier motivo, mi amistad con Pedro está condenada a acabarse.

Tratemos de transferir el ejemplo a la vida matrimonial. Desafortunadamente, existen muchos matrimonios cuyo grado de amistad no sobrepasa la *utilidad*. Este es el caso si el matrimonio se ha hecho por dinero, por las tierras, por alcanzar

---

[75] Véase L. POLO, *La amistad en Aristóteles*, «Anuario Filosófico», 32 (1999), pp. 477–485.

[76] Véase M. MANZANEDO, *La amistad según Santo Tomás*, «Angelicum», 71 (1994), pp. 371–426. M. MANZANEDO, *La amistad en la filosofía greco-romana*, «Angelicum», 70 (1993), pp. 329–361.

una situación de bienestar, por huir de una situación familiar dolorosa, etc.

En cualquiera de esos casos, se alcanza un pacto de utilidad fundado en un interés mutuo. Ocasionalmente, a cada uno le sirve algo que el otro *tiene*. Más que compartir la vida, las confidencias y el corazón; parece que se trata de acomunar recursos interesantes para fines que, en realidad, corren por caminos muy separados. Coinciden en algún punto del camino, pero no en la orientación última de la vida.

Vamos a poner otro ejemplo hipotético que nos ayude a ilustrar la amistad basada en el *placer*. Imaginemos ahora que Pedro es mi amigo. En este caso, lo es porque le hago mucha gracia. Él se lo pasa muy bien cuando estamos juntos. Es normal porque tengo un don maravilloso para contar chistes. Claro que Pedro quiere mi bien. Le interesa mucho que esté de buen humor. Si dejo de estarlo, ¿quién contará chistes en nuestras reuniones? Está en juego nada menos que su propia diversión.

Como se ve, esta amistad está *basada en el placer*. No cuesta mucho comprender que esta relación también tiene fecha de caducidad. Durará lo que persista mi capacidad de entretener a Pedro. El día que enmudezca mi chispa cómica, tendrá su punto final.

También podemos transferir este ejemplo a la vida matrimonial. Por desgracia, muchos matrimonios están cimentados en el mero placer compartido. Este es el caso si el matrimonio se ha hecho solo para tener placer sexual garantizado, por los sentimientos agradables que reporta sentirse mirado o mirada con deseo, por el sentimiento de sentirse especial y único para otro, por el sentimiento placentero de poseer a otra persona y dominarla en modos diversos, etc. Se da, en estos casos, un pacto para compartir cualidades capaces de complacer mutuamente.

Más que una sintonía espiritual, nos encontramos frente a una sintonía física o emocional que, efectivamente, está condenada a caducar. Tampoco pueden estos bienes compartidos orientar de una manera común la vida. Como en el caso de la utilidad, se trata de un encuentro conveniente de dos caminos que corren por separado. Se coincide en algún punto del camino, pero no en la orientación última de la vida. Dicho de otra manera, esta comunicación no permite compartir íntimamente la vida, sino solo aspectos superficiales de la misma.

Por último, tenemos que considerar la posibilidad más hermosa. Imaginemos que yo quiero el bien de mi amigo Pedro por un simple motivo, a saber, por el bien mismo de Pedro. Además, pongamos por caso que Pedro también quiere mi bien de la misma manera. Ahora tenemos ante nosotros una *verdadera amistad*. Se trata de la que está fundada sobre la *virtud* o la *honestidad*. Es raro encontrar este tipo de relación. No suele darse con mucha frecuencia, por mucho que debiera ser la normal entre los hombres.

Por este motivo, dice la Sagrada Escritura que encontrar un amigo de verdad es encontrar un tesoro escondido (cf. Eclo 6, 14-17). Esta es la amistad que cumple con perfección la definición que hemos ofrecido. Por eso, hemos dicho que es *verdadera amistad*. Las anteriores no lo son plenamente, sino en un sentido secundario o impropio.

Este ejemplo también es aplicable a la vida matrimonial. Por fortuna, también encontramos, a lo largo y ancho de nuestra biografía personal, algunos matrimonios cuyo grado de amistad está fundado sobre la virtud. Cuando este es el caso, la amistad entre los esposos es tan íntima que no existe otra amistad natural sobre la faz de la tierra que la supere en grado.

Dicho de otra manera, no hay una relación interpersonal natural que pueda ser más amistosa. Así lo piensa Santo Tomás de Aquino. La definición que hemos brindado de la amistad se cumple en su máximo grado de perfección natural. Todas y cada una de las notas.

Para comprender esta afirmación ofrecemos la siguiente consideración. Hasta ahora, hemos dicho que ni el placer ni la utilidad compartidos pueden orientar dos vidas hacia un mismo destino. En cambio, la virtud sí puede orientar la vida de dos personas hacia un mismo punto final. La utilidad y el placer están de suyo orientados hacia bienes que son *para mí*. Pensémoslo bien. Si su índole propia es el *para mí*, es posible que ahora exista una conveniencia de nuestra sociedad; pero, antes o después, dicha conveniencia cederá el paso a la lucha de dos *para mí*.

Por el contrario, la amistad que se funda en el bien honesto o en la virtud está de suyo gobernada por la razón que, como explicamos, alcanza a conocer la bondad misma. El puerto final al que tiende entonces la travesía de la vida es el amor de la bondad. La bondad es algo bueno en sí mismo. En eso sí se puede comulgar. Se trata de algo más grande que uno y otro amigo. Es algo común por lo que cabe sacrificarse. Es algo que también cabe gozar en común. No es un bien en el que quepa rivalidad, sino complicidad. Cuanto más sincero es mi amor del bien honesto del amigo, más honesta será mi vida, y viceversa.

Esta amistad sí comporta una misma vida compartida, confidencias íntimas y concordia o sintonía espiritual. Es una auténtica y verdadera amistad. Como hemos dicho, en el caso del matrimonio dicha relación alcanza el máximo grado de intimidad posible en el orden natural. Pensemos en cualquiera de los bienes comunicados y nos daremos cuenta de la verdad de esta afirmación.

Por último, es importante hacer una precisión. La amistad virtuosa tiene el poder de *integrar* la utilidad y el placer. Esta afirmación es muy importante para comprender el matrimonio como amistad conyugal. Esta integración es tan real, que nos atrevemos a decir que no hay amistad más útil y más placentera que la que se funda realmente sobre la virtud.

Volvamos a nuestro ejemplo para ilustrar este punto. Como hemos dicho, el motivo por el que yo quiero el bien de mi amigo Pedro no es ni las cervezas ni las risas. Asimismo, Pedro quiere mi bien no por aquellas. No obstante, ni las cervezas ni las risas están excluidas de nuestra relación. Podemos salir a tomar unas cervezas y contar unos chistes, sin que aquello sea el cimiento de nuestra amistad. Es más, serán las mejores cervezas y los mejores chistes, porque estarán justo en el lugar que les corresponde.

En la vida matrimonial sucede de manera semejante. Si el matrimonio se funda en una amistad virtuosa, no significa en absoluto que el placer y la utilidad quedarán excluidas. Lo único que significa es que no son el cimiento de la benevolencia entre los esposos. Precisamente por eso, el placer y la utilidad quedarán asumidos y elevados a su auténtico cumplimiento.

En esta amistad virtuosa, que integra los bienes inferiores, no se trata de que éstos queden negados o que exista una oposición hacia ellos. Más bien, se trata de que esos bienes no sean el motivo principal que gobierne la benevolencia reciproca y consciente que se da en la amistad[77].

---

[77] Vease J. BOBIK, *Aquinas on Communicatio, The Foundation on Friendship and caritas*, «The Modern Schoolman»/64 (1986), pp. 1–18

Tipos de amistad

La amistad no solo puede darse en diferentes grados. Además, es preciso explicar que existen muchos tipos de amistad. Muchos de estos tipos han desaparecido en nuestro horizonte cultural. No son considerados, actualmente, como tipos de amistad. Por ejemplo, Aristóteles consideraba que la paternidad, la maternidad, la filiación, la fraternidad e incluso el matrimonio eran clases diferentes de amistad.

En cambio, es habitual es nuestros días, como se ha explicado, oponer la amistad al matrimonio. No muy lejos encontramos los otros tipos de relación que hemos mencionado. No es extraño que muchos padres y madres caigan en una confusión similar. Tratan de ejercer su labor con los hijos en un modo que nada tiene que ver con la amistad[78].

Es más, en ocasiones, se interpreta esta relación como si planteara un dilema: o bien soy padre de mis hijos, o bien soy su amigo. Se entiende, en este caso, que ser amigo del hijo supondría abandonar el papel y la misión propiamente paternal. Se trata, sin duda, de una confusión por ignorar el auténtico sentido de la amistad. Quizá en este planteamiento no se alcanza a comprender la amistad virtuosa.

Tratemos de resolver algunas de estas confusiones. Para ello, vamos a explicar un principio clave. Reza como sigue: *las diferentes clases de amistad se distinguen por los bienes a los que los amigos aspiran*. Retomemos el ejemplo de la paternidad y la filiación. Ambas son amistades correlativas. Como puede entenderse, también son amistades que podríamos denominar «asimétricas».

---

[78] Véase M. WALDSTEIN, *Children as the Common Good of Marriage*, «Nova et Vetera», 7/3 (2009), pp. 697–709.

Centrémonos ahora en la persona del *padre*. La paternidad es una forma de amistad con el hijo. La paternidad misma consiste en la comunicación de la propia naturaleza a aquel. Esta comunicación sucede porque el padre es principio tanto del ser y del obrar del hijo, como de su modo de ser y su modo de obrar. No se trata solo de que el padre comunique esa naturaleza en la generación. El padre tiene el deber de acompañar al hijo ayudándolo a que esa naturaleza alcance su perfección, es decir, se desarrolle plenamente.

Existe un vínculo natural entre generación y educación que no puede dejarse de lado. Si lo pensamos bien, el fin de la educación es conducir al hijo a un estado de madurez en el que pueda llegar a ser feliz. Ese estado de madurez es el propio del hombre virtuoso[79]. Por tanto, la paternidad es un modo de amistad que tiene como bien común o fin propio la virtud.

Miremos ahora a la persona del hijo. Hijo es quien recibe de su padre la naturaleza. Como hemos dicho, se trata de recibir tanto el ser y el obrar, como el modo de ser y del obrar de sus padres. Esa manera de ser, que el hijo recibe, requiere de la educación para que pueda llegar al cumplimiento de su vocación personal. En ese camino educativo, el hijo necesita *dejarse guiar libremente* por el padre en una relación que tiene como fin propio la virtud.

No se trata de una relación unilateral. No se trata de que el hijo mantenga una relación con su padre que solo le beneficia a él. Al contrario, aceptando su lugar como hijo ayuda a su padre a ser un padre virtuoso también. Además, hay que añadir que, en esta relación, el hijo aspira a manifestar y comunicar la

---

[79] Véase I. PEREZ LOPEZ, *Enseñar a amar educando en la virtud. La perspectiva teleológica de la formación de la personalidad humana en el pensamiento de Antonio Millán-Puelles*, Editorial Académica Española, Beau Bassin 2018.

bondad de su padre. Aspira a honrarlo con su conducta.

Es importante subrayar un cierto elemento. La amistad paterno-filial conlleva una cierta asimetría. En efecto, el padre y el hijo quieren mutuamente su bien. El padre quiere el bien del hijo porque lo quiere ayudar a su crecimiento como persona. También el hijo quiere el bien del padre tanto porque le ayuda al cumplimiento de su vocación paternal siendo buen hijo, como porque lo honra con su buena conducta.

Además, padre e hijo comparten la vida de una manera íntima y profunda, como se ha explicado. También es sencillo ver cómo, en la intimidad del hogar, se comparten los secretos y se vive o se aspira a vivir en la sintonía espiritual propia de la amistad. Con todo, en esta relación siempre vemos que el padre posee un papel diferente al del hijo. Salvando esa necesaria peculiaridad, es muy fructífero para la vida familiar entender esta relación como lo que es, a saber, una forma de amistad.

En el ejemplo que acabamos de considerar, nos damos cuenta que el bien común, o el fin propio al que conspiran tanto el padre como el hijo, marca el tipo de amistad que es la paternidad y la filiación. Cuando explicamos el segundo significado de la unidad originaria, dijimos que la procreación es el fin primario del matrimonio.

Este fin primario es aquello que lo especifica como un tipo de amistad distinta de las demás. Es muy importante captar este elemento específico para comprender bien qué es el matrimonio. Esta realidad se irá esclareciendo progresivamente a medida que vayamos iluminando diferentes aspectos de la amistad conyugal.

Un sacramento

El matrimonio no es solo una institución natural. Cuando

decimos que el matrimonio es algo natural, lo que queremos expresar es que Dios ha hecho el matrimonio como algo connatural a la persona humana. Dios hizo a las personas humanas como varón y mujer pensando que se unieran en matrimonios y vivieran en familia.

No obstante, el matrimonio es algo más que una realidad natural. También es una realidad sobrenatural. Lo es desde el momento en que Cristo lo instituyó como uno de los siete sacramentos para ayudarnos a alcanzar la salvación[80].

Ha aparecido ahora una palabra importante para la vida cristiana. Conviene que nos detengamos a explicarla. Nos ayudará mucho a comprender el matrimonio. Se trata de la noción de «sacramento».

¿Qué son los sacramentos? Son *signos sensibles instituidos por Cristo que significan y confieren la gracia santificante*. Como todas las definiciones, esta también nos aclara mucho sobre la realidad que queremos comprender. Por eso, merece la pena comentarla por partes, aunque sea de manera breve y concisa.

Comenzamos diciendo que los sacramentos son *signos sensibles*. Un signo es algo que remite o apunta hacia otra cosa. En esto consiste significar. Podemos considerar varios ejemplos de signos. Imaginemos una señal de tráfico. Cuando uno ve un semáforo con la luz roja, sabe que debe detener su vehículo.

Podemos pensar en alguien que ve mucho humo. El humo que ve, le hace suponer que hay un fuego. También podemos pensar en las palabras de los diferentes idiomas que hablamos. Siendo diferentes entre sí, nos hacen pensar en las mismas realidades.

---

[80] Véase C. BURKE, *Marriage as a Sacrament of Sanctification*, 9 (1995), pp. 71–87.

No importa si uno dice «*mesa*» o «*table*», ambos signos conducen la mente a la misma realidad.

Los sacramentos son signos sensibles de una manera *similar*. Quien los percibe es conducido o remitido a otra realidad que es invisible, es decir, imperceptible a los sentidos. Es muy importante no solo entender la naturaleza signo de los sacramentos, sino también su carácter *sensible*. Este carácter hace que estemos hablando de algo material que posee un significado espiritual.

Pongamos otro ejemplo para ilustrar este último punto. Imaginemos un esposo que ama mucho a su esposa. Ese amor que le tiene es una realidad inmaterial. El amor no puede verse, ni tocarse, ni olerse, ni gustarse, ni oírse. No es una realidad sensible, sino espiritual. El esposo, para mostrar de una manera visible a su esposa el amor que le tiene, puede regalarle flores. Las flores si pueden verse, olerse, tocarse, etc. Obviamente, las flores no son el amor del esposo por su esposa, pero sí que lo significan. Son un signo visible del amor espiritual del esposo.

Salvando todas las distancias, algo similar sucede con los sacramentos. Sin embargo, estos últimos no son unos signos cualquiera. Se trata de signos instituidos por Cristo. Además, no solo significan una realidad invisible, sino que son signos eficaces que comunican la gracia.

Pues bien, el matrimonio es uno de los siete sacramentos (cf. Ef 5,25–32). Por mucho que hoy día se hable de «matrimonio civil», hay una profunda inseparabilidad entre matrimonio y sacramento. Detengámonos un momento en este punto.

Es importante caer en la cuenta de que el matrimonio no es una invención humana. Tampoco es un asunto meramente profano, como dicen algunos protestantes. Por el contrario, es una institución divina que confiere realmente la gracia de Cristo[81].

COMO CRISTO AMÓ A SU IGLESIA

Por ser un sacramento, el matrimonio es una acción de Cristo. Cristo, por decirlo así, nos toca a través de los sacramentos para conferirnos la gracia. No se trata de algo que simplemente aumenta la gracia que ya se tiene. Más bien, la produce. Los que se casan son realmente santificados. En el matrimonio, los esposos se *encuentran* con Cristo y Él *permanece* con ellos[82].

De esta manera, se convierten en un símbolo real de la Nueva y Eterna Alianza. Se convierten, realmente, en un signo vivo de cómo Cristo amó a su Iglesia[83]. Los esposos son insertados en este gran misterio[84].

La Sagrada Escritura no nos muestra un momento preciso en el que Cristo instituyera el matrimonio como sacramento. Es una cuestión de fe que lo hizo. El Magisterio de la Iglesia tampoco nos dice el *cuando* con exactitud.

Con todo, siguiendo las indicaciones del Concilio de Trento, parece haber un cierto acuerdo entre los teólogos en algunos puntos. La sacramentalidad del matrimonio puede verse tanto en Ef 5,25-32 como en la presencia de Jesús en la bodas de Caná (Jn 2,1-11) y en la discusión con los fariseos sobre la cuestión de la indisolubilidad (Mt 19,3-9).

Ahora bien, tenemos que decir que el matrimonio es un sacramento *permanente*. Con esta afirmación queremos significar que el matrimonio no es signo del amor Cristo por su Iglesia *solo* durante la celebración litúrgica. En dicha liturgia, se da el consentimiento matrimonial.

---

[81] Véase DS 1800.
[82] Véase GS 48.
[83] Véase Juan Pablo II, *Familiaris Consortio*, no. 13.
[84] Véase Juan Pablo II, *Mulieris Dignitatem*, no. 26.

Los teólogos llaman matrimonio *in fieri* a este consentimiento. Con esta expresión latina, se quiere expresar una realidad dinámica. En este caso, la realidad dinámica del sacramento. Dicho de otra manera, se expresa el sacramento en cuanto acción *transitoria* o transeúnte.

Además de considerar el matrimonio *in fieri*, hay que considerarlo *in facto esse*. ¿Qué queremos decir con esto? El matrimonio también es signo visible del amor de Cristo por su Iglesia por el *vínculo matrimonial*. Este vínculo es el que se denomina *matrimonium in facto esse*. Los esposos reciben, en la liturgia matrimonial, una especie de consagración. Esta consagración es el primer efecto del sacramento y, a la misma vez, un signo (*res et sacramentum*). Pues bien, este vínculo es una realidad permanente. Y este vínculo hace del matrimonio un signo visible del amor de Cristo por su Iglesia.

Es muy importante reflexionar sobre la realidad de este vínculo. Se trata de algo real que permanece en la existencia hasta la muerte de uno de los cónyuges. Además, este vínculo sirve de causa dispositiva para la gracia ulterior conferida por el sacramento (*res tantum*).

Gracia específica del matrimonio

Los sacramentos son signos eficaces de la gracia. Eso quiere decir que todos y cada uno de ellos confieren la gracia. Ahora bien, obviamente, cada uno de los sacramentos ha de conferir esa gracia de una manera especial. Si no fuera de ese modo, no tendrían razón de ser. Vamos a explicar un poco más esta cuestión.

La gracia de Cristo es una. Toda la gracia brota del Sagrado Corazón de Nuestro Señor abierto por nuestra salvación en la Cruz. Los sacramentos, que prolongan la humanidad de Cristo, son como diferentes canales a través de los cuales esa gracia única llega hasta nosotros.

Podemos poner un ejemplo clásico que ayuda a entender este punto. La gracia de Cristo es como la luz. La luz que nos ilumina es una. Sin embargo, dicha luz se refracta en diferentes colores. Pensemos en los días en que podemos divisar el arco iris. La misma luz se muestra en colores diferentes.

De una manera similar, todos los sacramentos confieren la gracia de Cristo. No obstante, cada uno de ellos es como uno de esos diferentes colores en que la luz se refracta. Por eso, cada uno de ellos nos da como uno de esos colores. En definitiva, cada sacramento confiere la gracia de un modo característicamente propio. Por esta razón, hablamos de la gracia específica de cada sacramento.

Todos los sacramentos confieren la gracia de Cristo que conforma con Él. El bautismo nos hace hijos adoptivos conformándonos con el único Hijo de Dios. El sacramento del orden nos conforma con Cristo Cabeza para poder celebrar la Eucaristía o el sacramento de la reconciliación. Ahora bien, la pregunta que tenemos que hacer ahora es: ¿cuál es la gracia específica que confiere el sacramento del matrimonio?

Esa gracia específica fluye del vínculo matrimonial[85]. Consiste en una especial conformación con Cristo en su pasión y su amor por la Iglesia. En realidad, el siguiente pasaje que vamos a ofrecer de Santo Tomás ha inspirado el título de esta obra.

El Aquinate explica que «el matrimonio no conforma a la pasión de Cristo por lo que respecta al sufrimiento, sino por lo

---

[85] Véase W. MAY, *Marriage: The Rock on Which the Family is Built*, Ignatius Press, San Francisco 2009.

COMO CRISTO AMÓ A SU IGLESIA

que respecta a la caridad por la cual sufrió por la iglesia para que ésta se le uniera como esposa»[86]. Esta es la gracia que capacita a los esposos para cumplir con las promesas matrimoniales que realizan el día de su boda.

Remedio para la concupiscencia

La conformación con la caridad de Cristo en su pasión posee varios aspectos que podemos considerar. Ahora vamos a centrar la atención en uno de ellos. El matrimonio es *remedio para la concupiscencia*.

Para comenzar, vamos a hacer una importante aclaración. No podemos caer en el error de pensar que el matrimonio es remedio para la concupiscencia porque simplemente la permite. Más que un remedio, lo que haría entonces el matrimonio sería dar carta de ciudadanía a la concupiscencia. En realidad, la estaría promoviendo.

En esta línea, se sitúa una cierta interpretación de la sentencia que dice que es mejor casarse que abrasarse. Esta mentalidad termina por concebir el matrimonio como un espacio que hace legítima la lujuria.

Es muy triste comprobar los efectos que esta mentalidad tiene en muchas parejas casadas. Quien piensa de esta manera termina por justificar cualquier comportamiento en la alcoba matrimonial. Como se trata de algo que se hace con su marido o su mujer, todo les parece valer. Esto es un gravísimo error.

Vivimos en un tiempo en que la mentalidad pornográfica hace grandes estragos en la vida de las personas. También hace su incursión en la vida de muchos matrimonios. No se trata solo de que vean juntos o por separado pornografía. Esto ya está, sin

---

[86] *In IV Sent.*, d. 26, q. 2, a. 1, ad 3.

duda alguna, mal. Es que, además, terminan imitando lo que allí se presenta como normal en sus propias relaciones sexuales.

Este no es el sentido del matrimonio como remedio para la concupiscencia. Su sentido es mucho más elevado y profundo. La gracia del matrimonio, entre otras cosas, ayuda a ordenar y corregir la concupiscencia.

La virtud de la castidad es la encargada de poner armonía en este desorden. Por virtud de la gracia matrimonial, el amor con que Cristo amó a su Iglesia informa y ordena la vida sexual de los esposos. De esta manera, las relaciones sexuales, en el matrimonio, se pueden tener *como y cuando Dios manda*.

Tendremos ocasión, en este libro, de hablar de la virtud de la castidad. Lo haremos no solo sobre la castidad en general. También trataremos de la castidad conyugal en particular. No obstante, nos ha parecido importante corregir este error. No puede aceptarse de ninguna manera que el matrimonio, como remedio para la concupiscencia, sea malinterpretado; como si hubiese un espacio de excepción donde la lujuria estuviera permitida.

Condiciones para su validez

Vamos a tratar ahora de las condiciones para la celebración válida del matrimonio. Tenemos que salir al paso de otro frecuente malentendido. Este tiene que ver con el tema de la «nulidad matrimonial»[87]. No faltan las personas que entienden que la «nulidad» es algo así como una «anulación». Esta manera de pensar da por hecho que un matrimonio válido pudiera deshacerse. Si las cosas fueran de esta manera, la

---

[87] Véase P. GASPARRI, *Tractatus canonicus de matrimonio*, Typis Polyglottis Vaticanis, Vatican City 1932.

nulidad matrimonial no sería otra cosa que una suerte de «divorcio católico».

En cambio, tenemos que decir con toda claridad que no existe, ni puede existir, el divorcio católico. Un matrimonio celebrado válidamente entre dos católicos puede dejar de existir por una sola causa. Como todos podemos imaginar, esta causa es la muerte de uno de los cónyuges.

Por el contrario, la declaración de nulidad matrimonial no es la disolución de un matrimonio. Como se ha dicho, los matrimonios válidamente contractuados entre los católicos son indisolubles. Lo que la nulidad significa es, precisamente, la declaración de que *nunca existió matrimonio*.

Este libro no tiene el propósito de explicar todos los casos posibles de nulidad matrimonial. No es un boletín informativo de todas las causas por las que uno puede pedir esta declaración. Por el contrario, la intención que nos anima es, justamente, ofrecer una luz en el camino para que disminuya el número de nulidades matrimoniales. Este es el motivo por el que queremos explicar, de una manera clara, las condiciones para la validez del matrimonio[88].

Los matrimonios son válidos cuando existe un verdadero consentimiento que, después, viene consumado en el acto conyugal. Para ahondar un poco en el sentido de esta afirmación, parece que es necesario decir una palabra sobre el acto del «*consentimiento*».

El consentimiento es un acto de la voluntad que está informado por un acto del entendimiento. La segunda parte de esta afirmación nos anuncia ya que el conocimiento del

---

[88] Véase F. M. CAPPELLO, *Tractatus canonico-moralis de sacramentis: De Matrimonio*, vol. 5, Marietti, Romae 1950.

matrimonio que se tiene es importante para que pueda darse ese acto de la voluntad que queremos explicar; pero, de momento, vamos a centrarnos en el aspecto volitivo de este acto.

Vamos a permitirnos una redundancia lingüística para enfatizar un punto importante en la explicación del consentimiento. En cuanto acto de la *voluntad*, el consentimiento tiene que ser un acto *voluntario*. Esto es tanto como decir que ha de ser un acto *libre*.

Tenemos que preguntarnos qué puede impedir un acto humano de este tipo. Pues bien, existen dos maneras de impedirlo. El acto libre puede quedar impedido tanto por medio de la violencia como por medio de la ignorancia. En efecto, un acto voluntario procede de lo más profundo de nuestro ser. No se trata de algo que pueda ser impuesto desde fuera.

Por este motivo, voluntariedad y violencia están reñidas. Además, se trata de un acto que viene informado por un conocimiento del fin al que se encamina. Es, precisamente el conocimiento del fin en cuanto tal, lo que hace posible la voluntariedad del acto libre.

Pues bien, teniendo estas breves afirmaciones a la vista, vamos a explicar diversas formas en que el acto del consentimiento matrimonial deja de ser un acto *verdaderamente humano*.

Pongamos algún ejemplo. Imaginemos que una chica se queda embarazada. Ni siquiera por ese motivo puede alguien ir a casarse a la fuerza. No se le debe obligar a casarse. En realidad, no se le puede obligar porque, sin consentimiento libre, no hay matrimonio.

Es totalmente cierto que todo niño tiene derecho a ser concebido en el seno del amor matrimonial. Ahora bien, la injusticia está hecha. Fue consumada precisamente cuando se tuvieron relaciones sexuales fuera del matrimonio. El remedio para esta injusticia no es preparar una boda rápida.

Violentar a los padres de ese niño para que se casen no arreglará ninguna injusticia. Posiblemente, constituirá una nueva injusticia y dará lugar a muchas otras. Es mucho mejor que la libre decisión de casarse se tome con tranquilidad y sosiego. En ningún caso puede ser una imposición. No habrá matrimonio real si el único motivo por el que los padres de la criatura comparecen ante el altar es que los están obligando a ello.

Además de la ausencia de violencia, se necesitan otras condiciones para contraer matrimonio válidamente. Obviamente, es imprescindible una cierta madurez para poder casarse. Una persona que no estuviera en posesión de esa madurez, no sería un sujeto capaz de contraer matrimonio.

Imaginemos, por ejemplo, una persona que está afectada por una enfermedad mental que le impide el grado de madurez necesario para comprender y asumir libremente los compromisos matrimoniales. Esta persona no sería capaz de casarse.

Comprender qué es el matrimonio y sus compromisos es necesario para contraer válidamente matrimonio. Hemos señalado, desde el principio, que los actos de nuestra voluntad están informados por nuestro entendimiento. No puede elegirse algo que no es conocido. ¿Cómo podríamos querer algo que no conocemos siquiera en alguna medida? Decimos en alguna medida porque está muy claro que el consentimiento matrimonial requiere un cierto conocimiento del matrimonio. No obstante, no podemos caer en el error de pensar que se trata de la necesidad de una sabiduría teológica sublime[89].

Ese tipo de profundidad, con todo lo deseable que pueda ser, no es la que se requiere. Por ejemplo, lo explicado en este libro excede el mínimo conocimiento necesario para que el consentimiento sea verdadero y real.

Por último, tenemos que considerar una cuestión. Todas las personas humanas tienen un cierto derecho natural a casarse. Por este motivo, no puede alguien alegremente negar este derecho a dos personas que piden el matrimonio.

Sin embargo, existe una responsabilidad importante para los sacerdotes y diáconos. Estos deben tener certeza moral de que no existe impedimento para la celebración del matrimonio. Deben estar moralmente ciertos de que la celebración no será nula.

Por este motivo, es importante hacer el escrutinio pertinente. Y, en ocasiones, habrá situaciones en las que un sacerdote o diácono pueda pedir que la boda se posponga o, inclusive, que se suspenda.

Esta cuestión es delicada. Pongamos algún ejemplo que nos ayude a entenderla un poco mejor. Pensemos en dos católicos que se van a casar. Se trata de dos católicos que no practican la fe. Si no existiera una esperanza razonable de que vuelvan a practicarla, la boda podría, y debería, posponerse.

Sucede de la misma manera si existe una negación expresa de alguna de las propiedades esenciales del matrimonio. Por ejemplo, si existe una intención expresa de no entrar en una unión que es exclusiva y para toda la vida o si existe una negación total a tener hijos; en ambos casos, la boda podría, y debería, posponerse. Incluso hay que decir que si no se

---

[89] Véase F. De Vitoria, *Sobre el Matrimonio*, L. F. Delgado (trad.), Editorial San Esteban, Salamanca 2005.

rectifican tales intenciones, simplemente, debería cancelarse.

LOS BIENES DEL MATRIMONIO

Matrimonio válido y bueno

Las condiciones de la validez del matrimonio están explicadas someramente. No pensemos, ni por un instante, que ya está todo dicho. La razón es bien sencilla. No es lo mismo un matrimonio válido que un buen matrimonio. Un matrimonio plenamente bueno, hay que decirlo sin rodeos, es un matrimonio *santo*[90].

Parece que no hace falta abundar mucho en la explicación de este hecho. Un matrimonio válido puede ser un mal matrimonio. Sucede de la misma manera con el orden sacerdotal. Un sacerdote válidamente ordenado puede ser, o bien una mal sacerdote, o bien un sacerdote santo. Todo depende de una sola cosa. Es una cuestión de fidelidad a la gracia, es decir, de colaborar con la gracia recibida en el sacramento.

Esta simple consideración es iluminadora. Nos lleva a decir que cabe hablar de dos bondades del matrimonio. En primer lugar, está la bondad del matrimonio válido. Esta bondad la posee el matrimonio, desde el primer momento de su existencia real, simplemente por ser matrimonio. Podríamos compararla a la bondad de la persona humana. Toda persona humana es buena desde el momento de su concepción.

¿En qué consiste esa bondad? No se trata de que se haya comportado bien. Se trata del valor que tiene por ser hombre o mujer. Esa «dignidad» de ser persona la tiene de tal manera por

---

[90] Véase *ST* III, q. 29, a. 2.

existir que no la puede perder[91]. El mayor criminal de la historia ha tenido la dignidad natural de ser persona humana.

Otra cosa diferente es la dignidad *moral* de la persona. En esta segunda línea, se sitúa la bondad propia del buen matrimonio o matrimonio santo[92]. Al igual que la bondad moral de las personas, no todos los hombres y mujeres la tienen. Se trata de una bondad que puede perderse con las malas acciones. También puede recuperarse con el arrepentimiento y las buenas obras. Igualmente sucede con el buen matrimonio o matrimonio santo.

Los bienes del matrimonio, por tanto, habrá que mirarlos en esta doble perspectiva. Desde la época de San Agustín, la bondad del matrimonio se ha explicado gracias a una triple división[93]. El matrimonio es bueno porque entraña tres bienes fundamentales. Se trata del *bien de la prole, el bien de la fidelidad y el bien del sacramento*[94].

Como hemos dicho, estos bienes configuran la bondad del matrimonio en las dos perspectivas señaladas. Configuran la bondad del matrimonio válido y, también, la bondad del buen matrimonio o matrimonio santo. Digamos algo más para que lo

---

[91] Véase J. GARCÍA LÓPEZ, *Virtud y personalidad según Tomás de Aquino*, EUNSA, Pamplona 2003. J. J. PEREZ-SOBA, *La pregunta por la persona. La respuesta de la interpersonalidad: Estudio de una categoria personalista*, Publicaciones de la Facultad de Teologia San Damaso, Madrid 2005.

[92] Véase K. WOJTYŁA, *El don del amor: escritos sobre la familia*, Ediciones Palabra, Madrid 2000.

[93] Véase D. X. BURT, *Friendship and Society: An Introduction to Augustine's Practical Philosophy*, William B. Eermands Publishing Company, Grand Rapids 1999.

[94] Véase F. GIL HELLÍN, *Los 'bona matrimonii' en la Constitución Pastoral 'Gaudium et Spes' del Concilio Vaticano II*, «Scripta Theologica», 11 (1979), pp. 127–178. F. GIL HELLÍN, *El matrimonio y la vida conyugal*, Edicep, Valencia 1995.

podamos entender mejor. Si uno atenta contra uno de estos bienes el día de su boda, no está válidamente casado. No puede haber matrimonio válido si falta alguno de ellos.

Todavía hay que decir más. Para tener un buen matrimonio, es necesario que estos bienes crezcan en la vida de los esposos. Podrían pensarse estos bienes como semillas que han de desarrollarse. Deben florecer en la vida matrimonial.

Este desarrollo se da si hay *fidelidad* a la gracia. En efecto, para que estos bienes florezcan, es necesario colaborar con la gracia sacramental recibida. Vamos ahora a considerar cada uno de estos bienes comenzando por el bien del *sacramento*.

La perspectiva sacramental

Los bienes del matrimonio han de ser contemplados desde una perspectiva sacramental. Solo desde esta última, puede crecer la perfección moral del matrimonio hasta la plenitud de su vocación sobrenatural. Este punto de vista es, como se ha dicho, la perspectiva de la colaboración con la gracia específica del sacramento del matrimonio.

Pensemos en los efectos de este sacramento. Son varios. El primero es una realidad que, a su vez, es signo de otro efecto ulterior. Es lo que la teología llama *res et sacramentum*[95]. Esta realidad, que también es signo, sirve como instrumento por el que los esposos continúan recibiendo las gracias suficientes para su santificación durante toda la vida. Estamos hablando del vínculo matrimonial.

---

[95] Véase P. LÓPEZ-GONZÁLEZ, *Origen de la expresión "Res et Sacramentum,"* «Scripta Theologica», 17/1 (1985), pp. 73–119. E. TEJERO, *La "res et sacramentum", Estructura y Espíritu del Ordenamiento Canónico. Síntesis Doctrinal de Santo Tomás*, «Scripta Theologica», 15 (1983), pp. 427–460.

La gracia específica del sacramento del matrimonio ha de entenderse entonces como una configuración con Cristo Esposo que confiere la *caridad conyugal*. Es por esta caridad propia de los esposos que pueden cumplirse las promesas matrimoniales para alabanza de gloria de la Trinidad Beatísima. La caridad encamina la vida de los esposos de una manera habitual al último fin absoluto de la vida cristiana, a saber, la gloria de Dios. Este es el camino de la santificación de la vida conyugal.

La fidelidad

Vamos a hablar ahora del bien de la fidelidad matrimonial. Es frecuente encontrarse con una especie de reduccionismo en la consideración de este bien. No falta quien piensa que ser fiel es algo bastante simple. Consiste, básicamente, en no tener relaciones sexuales con otra persona que no sea el esposo o la esposa. Está claro que este cierto «no hacer» está incluido en la fidelidad matrimonial, pero la fidelidad no se define solamente por una negación.

Vamos a tratar de dibujar una imagen más completa de este bien del matrimonio. La *fidelidad* forma parte de la virtud de la justicia. Consiste en cumplir las promesas que se han hecho[96].

En efecto, es propio de la promesa apuntar hacia el futuro. Por eso, las promesas requieren ser cumplidas. Para que se de dicho cumplimiento, es preciso que las propias acciones que vienen después de las promesas se *ajusten* a las palabras por las cuales se ha consentido al matrimonio.

Ahora bien, las promesas matrimoniales van más allá de la exclusividad en las relaciones sexuales. Se trata de algo mucho

---

[96] Véase *In IV Sent.*, d. 31 , q. 1, a. 2, ad 2 y 5. C. M. BARRETO PENNA CHAVEZ, *La virtud de la fidelidad en Santo Tomas de Aquino y en algunos manuales de moral.*Universidad de Navarra, Pamplona 2005.

más grande. La fidelidad matrimonial implica, por tanto, cumplir con todas las promesas hechas en el día de la celebración del matrimonio.

San Juan Pablo II nos explica esta bella doctrina con mucho acierto. Nos enseña que, en esas promesas, se encuentra resumida *toda la espiritualidad matrimonial*. Consecuentemente, la vida espiritual del matrimonio ha de tender a justar las acciones de la vida cotidiana con dichas promesas. Para explicar esta enseñanza, el Papa nos habla de la *relectura del lenguaje del cuerpo en la verdad*[97].

Esta expresión de San Juan Pablo II es de una gran belleza y profundidad. Para comprenderla bien, hay que considerar tres elementos en la imagen. Estos son: el lenguaje del cuerpo, la lectura del lenguaje del cuerpo y la relectura del lenguaje del cuerpo en la verdad. Vamos a considerarlos uno por uno.

¿Qué es el *lenguaje del cuerpo*? Este lenguaje se refiere al contenido de la revelación acerca de la vocación al amor. Se trata de lo que la fe nos enseña sobre el significado esponsal del cuerpo, es decir, sobre la vocación a la caridad.

Esta doctrina es la que expusimos con anterioridad. Además, este lenguaje hace referencia, en este caso, a cómo esta vocación puede cumplirse específicamente en el estado de vida matrimonial. Es importante tener en cuenta que no es el único estado de vida en el que esta vocación puede cumplirse. También puede alcanzar su plenitud en el estado de vida célibe, pero explicar esa cuestión escapa al objetivo de esta obra.

Ahora tenemos que preguntarnos por la *lectura del lenguaje del cuerpo*. Esta lectura hace referencia a la celebración litúrgica del matrimonio. Los esposos, el día de su boda, dieron

---

[97] Véase TDC,105:4.

lectura solemne a sus promesas matrimoniales. Estas promesas resumen, de un modo hermosísimo, lo que Dios ha revelado sobre la vocación a la caridad y su cumplimiento en el estado de vida matrimonial.

Por último, consideremos ahora la *relectura del lenguaje del cuerpo en la verdad.* Esa relectura debe tener lugar tras la boda. Consiste en convertir las promesas matrimoniales en el ideal o el ejemplar de la vida del matrimonio.

San Juan Pablo II nos enseña que se trata de una relectura muy especial. Esta relectura no consiste en leer esas promesas de cuando en cuando. Eso está muy bien. Es más, seguro que es muy beneficioso. Sin embargo, la relectura de la que se está hablando consiste, más bien, en cumplir esas promesas con las acciones de cada día.

¿Por qué se usa esa expresión de relectura «en la verdad»? La verdad más profunda del matrimonio es lo que Dios ha pensado sobre él. Esa es la medida más íntima de la amistad conyugal. Pues bien, se trata de una relectura en la verdad porque, en la fidelidad, se produce un *ajuste entre las acciones de los esposos y la mente de Dios.*

Recordemos que eso que Dios piensa sobre el matrimonio, su verdad más profunda, está contenido y manifestado en su Revelación y resumido en las promesas matrimoniales.

La filosofía nos puede ayudar a clarificar la noción de *verdad.* En este caso nos será de mucha utilidad. La verdad es el ajuste o conformidad entre la mente y la realidad (*adequatio intellectus et rei*)[98].

Ahora bien, la dirección de esta conformidad varía según nos situemos en la perspectiva de las personas humanas o en la

---

[98] Véase *ST* I, q.16.

perspectiva de Dios. Vamos a verlo más detenidamente.

Las personas humanas conocemos la verdad cuando, al hacer un juicio sobre la realidad, nuestra mente se conforma con las cosas. Pongamos un ejemplo sencillo. Imaginemos que afirmo: «esta mesa es marrón». Si la mesa de la que digo aquello es verde, obviamente mi juicio no es verdadero. Si, por el contrario, es marrón, entonces la verdad está en mi juicio.

Si nos situamos en la perspectiva de Dios, la dirección de esa conformidad varía. Las cosas son verdaderas porque se conforman con su mente. Podemos imaginar a Dios Creador como un artista. Cuando un artista hace su obra, esa obra está primero en su mente y solo después en la realidad. Su idea de esa obra es el modelo, el ejemplar, la medida de la obra que llega a existir por su acción.

De esta manera, Dios es la medida última de toda la realidad. Las cosas son lo que son por Él. Nosotros podemos conocer lo que las cosas son dejándonos medir por ellas.

Por este motivo, los matrimonios que conforman sus acciones con la mente divina viven *en la verdad más profunda sobre el matrimonio*. Puede decirse incluso que viven en la verdad más profunda sobre *su* matrimonio, es decir, alcanzan el cumplimiento de su vocación personalísima. El camino para este cumplimiento es la fidelidad a sus promesas matrimoniales.

La pertenencia mutua

Ahora vamos a abordar una cuestión, a la par, profunda y de una gran belleza. El acto del consentimiento implica tanto una entrega como una aceptación personal. En efecto, los esposos se entregan y aceptan mutuamente[99]. Desde este preciso instante,

---

[99] Véase GS, 48; TDC, 110:8.

el marido pertenece a la esposa y la esposa al marido. No obstante, cabe cuestionarse sobre la legitimidad de ese tipo de pertenencia. ¿Puede una persona pertenecer a otra?

Esta mutua pertenencia es completamente consonante con la dignidad personal de los cónyuges. Para comprender bien esta consonancia, hay que ahondar en la naturaleza de esta entrega y aceptación.

La mutua pertenencia resulta del don espiritual y recíproco que los esposos hacen de su voluntad *por amor a Dios*[100]. La voluntad es la facultad espiritual por la que somos dueños de nuestras acciones. Además, gracias a la libertad de la voluntad, somos dueños de nosotros mismos, en la medida en que una persona humana puede serlo.

Por este motivo, la entrega de la propia voluntad es un don muy profundo. No se trata solo de ofrecer a otro algo de nosotros. Espiritualmente hablando, ese don implica entregar*se* a esa persona, porque le estamos regalando aquello a través de lo cual nos gobernamos a nosotros mismos. No cabe una entrega más profunda de una persona humana a otra en el orden natural que esta mutua entrega de la voluntad en el matrimonio.

Por lo demás, desde nuestra perspectiva de fe, no cabe ninguna duda de que esta entrega ha de hacerse *por amor a Dios*. No olvidemos que solo Dios es el dueño de nuestra vida. La manera en que cada persona humana es dueño de sí posee sus limitaciones naturales, porque ninguna persona humana es Dios.

La vida es de Dios. Él nos ha hecho y somos suyos (cf. Sal 100,3). Por este motivo, la mutua entrega de los esposos,

---

[100] Véase F. OCÁRIZ BRAÑA, *Amor a Dios. Amor a los hombres*, Ediciones Palabra, Madrid 1974.

realizada *por amor a Dios*, es una entrega que hace, en la celebración del sacramento, Aquel que tiene pleno derecho a hacerla.

De esta mutua entrega y aceptación, nace la mutua pertenencia. Y, de este don espiritual y recíproco, se desprende una importante consecuencia para toda la vida matrimonial. La Sagrada Escritura nos dice que de este don resulta que el cuerpo del otro debe amarse como el propio (cf. Ef 5,28).

Esta mutua pertenencia de los esposos es muy importante. De ella se desprende el que no se nieguen los esposos a tener relaciones con su cónyuge, salvo que exista un motivo justo. Un motivo justo, por ejemplo, puede ser que uno de los esposos esté enfermo. Este tema también es objeto de muchos malentendidos. Por este motivo, vamos a hacer algunas aclaraciones de orden práctico.

En ocasiones, encontramos una mala interpretación de esta cuestión que proviene del *machismo*. La mentalidad machista malinterpreta la pertenencia de la mujer al marido. Esta mentalidad afirma que el marido puede disponer del cuerpo de la mujer cuando a él le plazca. El cuerpo de la esposa le pertenece. Por eso, ella no puede, ni debe, negarse a tener relaciones. Para el machismo, la cuestión es perfectamente simple. La esposa tiene que cumplir con el marido pagando la deuda matrimonial que contrajo el día de la boda.

La realidad, por el contrario, requiere de algunas precisiones. El derecho al cuerpo del otro (*ius in corpus*) no puede entenderse fuera del ámbito de la caridad matrimonial. Esta es la razón por la que el amor debe ser el ingrediente principal, y no el simple reclamo.

La caridad conyugal es el motivo de toda acción santa en el matrimonio. Esto nunca debe perderse de vista. De este modo, por *amor*, tanto el hombre como la mujer *deben* ser los primeros en tomar la iniciativa para asistir al otro en sus necesidad. Obviamente, la satisfacción de las necesidades del otro deben ser concordes con el orden moral. No cabe cometer inmoralidad alguna por amor. Jamás puede ser la caridad conyugal el alma de un acto inmoral.

La procreación

Vamos a abordar el último aspecto del bien del matrimonio. Hemos de considerar ahora la procreación. Tradicionalmente, se habla del bien de la prole o de los hijos (*bonum prolis*). No cabe ninguna duda de que esta terminología es absolutamente correcta y adecuada. No obstante, en esta obra, optamos por hablar del bien de la procreación para hacer un énfasis importante en la comprensión de este bien del matrimonio.

Este énfasis pretende evidenciar que no existe fisura entre los denominados *bienes* del matrimonio y los llamados *fines* del mismo. No sería comprensible que existiera una separación real entre el fin primario del matrimonio y el bien de la prole. Se trata de la misma realidad considerada bajo dos nociones equivalentes entre sí.

Pensamos que es muy importante comprender la procreación en su sentido *personalista*. ¿Qué quiere decir esto? En un sentido personalista, no puede reducirse la procreación a la mera generación. Por el contrario, la generación está incluida en la procreación, pero su comprensión no puede perder de vista el carácter racional o espiritual de la vida humana.

Esta nota específica nos muestra la procreación como algo propio de las personas humanas. Los esposos están llamados a la procreación entendida como *una libre colaboración con el Creador en la transmisión y educación de la vida humana.*

Es preciso insistir en esta cuestión. Nótese que tanto la *transmisión* de la vida como su *educación* están incluidas en la noción de procreación. Ambos aspectos de la procreación han de estar en sintonía con la dignidad personal del hombre. Eso supone que tanto la transmisión de la vida, como la educación de los hijos implica un *diálogo* con el Creador y, por ende, un elemento tanto racional como de colaboración.

No se trata solo de generar hijos. Por naturaleza, existe una inclinación a conducir los propios efectos a la perfección. Por este motivo, *la generación humana de los hijos tiene su prolongación natural en la educación.*

Ahora bien, ¿qué significa educación en este contexto? La perfección de la persona humana consiste en la libre afirmación de su ser. El cumplimiento libre de su vocación personal[101]. Como este cumplimiento ha de ser libre, nadie puede alcanzárselo a las demás personas.

No obstante, la actividad educativa consiste en la promoción de los hijos al estado de virtud[102]. Desde este estado, los hijos *educados* pueden alcanzar su plenitud y lograr la felicidad para la que han sido creados. Es precisamente desde el estado de virtud que la actividad propia del hombre, es decir, la actividad racional y consciente puede desarrollarse de manera plena[103].

Como ya hemos afirmado, este proceso educativo también ha de llevarse a cabo en colaboración con el Creador. No olvidemos que Él es el Origen de los hijos. Dios es el autor de

---

[101] Véase M. SCHELER, *Amor y conocimiento y otros escritos*, S. Sánchez-Migallón Granados (trad.), Ediciones Palabra, Madrid 2010.

[102] Véase E. ALBURQUERQUE, *Emergencia y urgencia educativa. El pensamiento de Benedicto XVI sobre la educación*, CCS, Madrid 2011.

[103] Véase J. M. ROQUEÑÍ, *Educación en la afectividad. Una propuesta desde el pensamiento de Santo Tomás de Aquino*, EUNSA, Pamplona 2005.

cada persona humana y de su vocación particular. En todos los casos, esa vocación no solo tiene a Dios como su Origen, sino también como su Destino Último.

Por eso, Dios es el principal educador. De muchos modos y maneras, la Providencia Divina concurre para la educación de las personas humanas. Los padres han de colaborar libremente con el Creador. Ese es su justo lugar en esta maravillosa aventura de la procreación.

La procreación no es la mera generación

Retomemos una afirmación recurrente de esta obra. Se trata de un asunto muy importante. Las cosas importantes han de ser repetidas muchas veces. En esta ocasión nos proporcionará luces importantes para el tema que estamos tratando.

El matrimonio es un tipo de amistad. Las amistades se distinguen en sus clases por el fin común al que tienden. De esa misma manera, ha de distinguirse el matrimonio. Su diferencia específica como amistad conyugal proviene de su fin primario. Como ha quedado afirmado, este fin primario es la *procreación*.

Nuestro tiempo es un culturalmente confuso en lo relativo a estas cuestiones. En muchas ocasiones, nuestros contemporáneos quieren afirmar que otros tipos de amistad son, o pueden llegar a ser, un matrimonio. Esta confusión social y cultural hace urgente que afirmemos lo contrario. No todas las amistades son, o pueden llegar a ser, un matrimonio. Las únicas que pueden serlo son aquellas que tienen como fin primario la procreación.

A primera vista, algunas objeciones pueden surgir tras leer esta afirmación en nuestra mente. Alguno podría pensar que existen matrimonios que no pueden tener hijos por diferentes motivos. Podemos imaginar un matrimonio que no puede tener hijos, o bien por estar ya en edad avanzada, o bien porque alguno de los cónyuges tiene problemas de fertilidad.

Siguiendo nuestras propias afirmaciones, podríamos preguntarnos: ¿Son un *auténtico* matrimonio? Está claro que la edad de los cónyuges o la infertilidad no son un impedimento para contraer matrimonio. Entonces, parece que el dilema no tiene solución. O bien decimos que no se trata en estos casos de un auténtico matrimonio; o, por el contrario, rectificamos nuestra posición, porque parecería incorrecto decir que lo distintivo del matrimonio respecto de las demás amistades sea la procreación o la posibilidad de tenerla como fin.

Es importante caer en la cuenta de que el dilema es solo aparente. Esta objeción encierra un error muy frecuente. Este error es el fundamento del dilema que se ha planteado. La equivocación proviene de una tendencia muy extendida a reducir la procreación a la *mera generación física*. Evidentemente, si reducimos la procreación a la generación física de bebés, la doctrina que propone la Iglesia acerca del fin primario del matrimonio no tendría mucho sentido.

Por el contrario, estamos convencidos de que la doctrina de la Iglesia es de una profunda sabiduría. Para poder ver esa profundidad, es imprescindible, a nuestro juicio, comprender la procreación en cuanto fenómeno *personal*. Dicho de otra manera, hay que entender lo que de característicamente humano o racional hay en la procreación. Esa es la perspectiva personalista de la que hemos hablado.

Vamos a comparar un momento el estudio de la procreación con la comprensión del alma humana para hacer una aclaración. Imaginemos que, observando a los hombres, queremos comprender su alma. Al darnos cuenta de que las personas humanas son sujeto de actividades tanto vegetativas y animales como racionales, podríamos afirmar que han de tener tres almas, una vegetativa, otra animal y otra espiritual.

Estaríamos ante un gran error de comprensión. Las personas humanas tenemos una sola alma[104]. No obstante, nuestra única alma racional posee la virtud de ser principio de actividades vegetativas y animales; pero, precisamente por ser un alma racional, posee estas funciones *de un modo más elevado*. Como dijimos, las facultades inferiores del alma humana tienen en las superiores-espirituales su principio y finalidad[105].

Algo similar tenemos que tener en cuenta al estudiar la procreación. Esta es, sin duda, un fenómenos netamente humano. La transmisión de la vida humana no puede ser la producción de un artefacto. Tampoco puede ser considerada como la mera reproducción de un animal.

Es totalmente cierto que la reproducción se da en los demás vivientes; pero, en los hombres, es totalmente necesario considerarla no solo en su carácter genérico, es decir, en lo que tiene de común con los demás vivientes capaces de reproducirse. El estudio de la procreación humana ha de tener en cuenta lo que es específicamente suyo.

En efecto, la procreación, en cuanto fenómenos humano, racional y personal, tiene algo de producción y reproducción por aquello que es genérico en ella; pero lo tiene de una manera más elevada. Hay que contemplarlo desde la luz de su diferencia específica.

Esencia de la procreación

Vamos a exponer ahora lo que es esencial en la procreación. Cuando explicamos lo esencial de la amistad, lo hicimos

---

[104] Véase *ST* I, q. 76, a. 4.
[105] Véase *ST* I, q. 77, a. 4.

ofreciendo una definición real. Pusimos de manifiesto, de esa manera, lo esencialísimo de aquella realidad. Ahora, para iluminar de la misma manera la procreación, vamos a ofrecer también una definición real de la misma. Asimismo, haremos una explicación de cada una de sus partes para clarificar lo que la definición expone.

La procreación es *la libre colaboración con el Creador en la transmisión y educación de la vida humana*. Como hemos dicho anteriormente, entendemos por *educación* aquí *la promoción de la persona humana al estado de virtud*.

Lo primero que tenemos que decir es que esta visión de la procreación es muy humana. Quiere decir eso que se ajusta muy bien a lo que significa ser hombre. En efecto, todos conocemos la clásica definición de hombre. Aristóteles ya comprendía que los hombres somos animales racionales. Esto significa que las personas humanas somos genéricamente animales y específicamente racionales.

Retomemos una comparación simple para tener presente qué sea eso del género y la diferencia específica. Las manzanas, por ejemplo, son genéricamente frutas. Este género lo tienen en común con otras muchas frutas, tales como, con las naranjas.

De un modo semejante, todos los hombres pertenecen al género de los animales. No obstante, las manzanas son frutas de una manera específicamente distinta a como lo son las naranjas. Y de la misma manera, existe algo que diferencia a los hombres de los demás animales. Eso que los diferencia es lo que distingue su especie dentro de ese género.

La diferencia específica propia de lo humano es la racionalidad. De esta suerte, puede decirse que el hombre es genéricamente animal, pero específicamente racional. En consonancia con esta doctrina, la definición de procreación que hemos ofrecido cumple también con estos requisitos.

Se trata de una definición que considera la procreación como un fenómeno genéricamente animal, pero específicamente racional. Esta es la razón por la que hemos dicho que es una definición muy humana. Se amolda muy bien a la misma esencia de la persona humana contenida en la definición de hombre como animal racional[106].

No podemos comprender la procreación humana por una simple comparación con la reproducción de los animales. Obviamente, si comparamos cómo los conejos se reproducen con cómo procrean las personas humanas, encontraremos algunos elementos comunes. Si no hubiera alguno, no tendría sentido ese género compartido. Ahora bien, esta comparación, por decirlo llanamente, siempre se quedaría corta.

Vamos a ofrecer un texto de Santo Tomás de Aquino que nos permita explicar con más profundidad este punto capital de nuestra exposición:

«La naturaleza del hombre lo inclina hacia algo de dos maneras. De una manera, por cuanto conviene a la naturaleza de su género, y esta es común a todos los animales. De otra manera, por cuanto conviene a la naturaleza de su diferencia por la cual la especie humana excede su género, en tanto que el hombre es racional... Y así aunque la naturaleza del género es una entre todos los animales, no está en todos de la misma manera»[107].

Este texto nos trae mucha luz. Santo Tomás nos explica, con toda claridad, que la animalidad de las personas humanas no es como la animalidad del conejo. En efecto, la noción de animal

---

[106] Vease Perez-Lopez, *Procreation and the Spousal Meaning of the Body*, 239–269.
[107] See *In IV Sent.*, d. 26, q. 1, a. 1, ad 1.

es la de un ser viviente capaz de sensibilidad. Tanto el conejo como el hombre son seres vivientes capaces de sensibilidad.

Sin embargo, la vida humana y su sensibilidad no es igual a la de un animal irracional. Lo hemos dicho repetidas veces al explicar la relación entre las diversas facultades de nuestra alma. Nuestra sensibilidad nace de nuestra única alma racional. De esa manera, se trata de una sensibilidad que está ordenada al servicio de la racionalidad. Está orientada desde su misma raíz para servir a la inteligencia y la voluntad.

A la luz de estas afirmaciones, hemos de comprender que las personas humanas no nos reproducimos como los conejos, sino que procreamos como animales racionales. Jamás podrá comprenderse la procreación humana si se la reduce a una cuestión de mera biología. De manera similar, tampoco consiste la procreación en un simple aumento del número de individuos de la especie humana.

La procreación es un fenómeno específicamente humano. Por eso, debe consistir, como propiamente humano que es, en un acto electivo y libre. La procreación implica llamar al ser a otra persona humana.

Obviamente, esa llamada no puede ocurrir sin la intervención del Creador con quien se colabora. Asimismo, dicha llamada a la existencia conlleva de suyo el deber de educar a la persona que comienza a existir.

Comparemos un momento la procreación con la reproducción de los animales irracionales. En los animales no humanos, al nacimiento le sigue un tiempo relativamente breve de crianza que se cumple gracias al instinto. Se trata de un tiempo variable según la especie que se observe. En cualquier caso, ese tiempo de cuidados finaliza cuando la cría en cuestión es capaz de vivir una vida animal sin la protección de la crianza.

En el caso de los hombres, no se trata solo de procurar el desarrollo físico necesario para que pueda desarrollarse la vida sensitiva. Las personas humanas no solo poseen una dimensión física. Por ese motivo, la procreación incluye algo más que el cuidado físico. Se necesita de un cuidado *espiritual*.

Hagamos una importante precisión. El cuidado espiritual del que hablamos no es simplemente religioso. Aquí espiritual tiene un sentido más extenso. Evidentemente, también incluye la dimensión religiosa de la persona humana, pero es un cuidado más amplio.

Posee dimensiones tanto naturales como sobrenaturales. Implica cosas naturales como enseñar la práctica de las virtudes humanas, la formación de las virtudes intelectuales necesarias para la vida individual de cada quien, etc. También incluye la vida sobrenatural. La educación en la fe forma parte de este cuidado espiritual.

Esta reflexión posee muchas implicaciones. Nos parece particularmente relevante hacer énfasis en una de ellas. Es totalmente incorrecto pensar que solo las personas célibes son padres y madres espirituales. Los casados también están llamado a serlo. Es una consecuencia necesaria de la comprensión personalista de la procreación que hemos expuesto.

La educación humana debe ser comprendida no como mera crianza, sino desde esa perspectiva personalista que venimos mostrando. Precisamente, atendiendo a su carácter netamente personal, Santo Tomás define la educación como «desarrollo y promoción de la prole al estado perfecto del hombre en cuanto hombre, esto es, al estado de virtud»[108].

---

[108] *In IV Sent.*, d. 26, q. 1, a. 1, c. Véase Antonio Millán-Puelles, *La formación de la personalidad humana*, Ediciones Rialp, Madrid 1963.

Paternidad y maternidad responsable

La procreación humana alcanza su pleno cumplimiento, es decir, el modo en que *debe* ser vivida, solamente en la paternidad y maternidad responsables. La etimología de la palabra «responsabilidad» puede sernos de utilidad en este contexto.

«*Responsabilidad*» es un vocablo español que procede del latín. Primero, digamos que el sufijo «*–idad*» expresa propiamente «*cualidad*». Segundo, el sufijo latino «*–bilis*» significa «*capacidad*». Por último, esta palabra está compuesta a partir del supino «*responsum*» del verbo latino «*respondere*» que se corresponde con el vocablo español «*responder*».

También posee el sentido de ser capaz de cumplir con lo prometido. Y es que el verbo latino «*respondere*» está compuesto, de un lado, por la partícula «*re–*» que significa «*reiteración*» o «vuelta al punto de partida»; y, de otro lado, por el verbo «*spondere*» que expresa la acción de «*prometer*», «obligarse» o «comprometerse a algo».

Curiosamente, de este último verbo latino, se derivan palabras españolas como «*espontáneo*», «*corresponder*», «*esposo*», «*esposa*», «*esponsales*» o «*desposar*». De esta manera, la responsabilidad, etimológicamente considerada, es la *capacidad de responder a los compromisos o promesas*.

En efecto, los padres deben *responder* o *dar respuesta* a Dios. Los esposos son personas humanas. Por eso, Dios los gobierna con su Providencia Amorosa. Este gobierno posee un carácter específico que lo diferencia del gobierno de los animales irracionales. Estos últimos también son movidos por Dios. Sin embargo, son regidos a través de su instinto. En cambio, Nuestro Señor nos gobierna a nosotros, los hombres, según nuestra naturaleza racional y libre.

La Providencia amorosa de Dios para con los hombres requiere, por tanto, de nuestra *responsabilidad*[109]. Este gobierno divino, acorde con la naturaleza de los seres personales, requiere de colaboración libre y virtuosa. Este requisito o requerimiento, o dicho de otra manera, este deber, se desprende de la naturaleza específicamente humana y personalista de la procreación.

La paternidad y maternidad responsable requiere de comunión interpersonal. Dicha comunión ha de existir en dos dimensiones estrechamente relacionadas entre sí. La primera dimensión es la que afecta a la relación entre el marido y la mujer. En cambio, la segunda consiste en la relación de los esposos con el Creador. En efecto, los esposos participan en la Paternidad Divina a través de su *munus* de padres.

Esta *colaboración* ha de ser bien entendida. Los esposos son realmente cooperadores de Dios en la procreación. Con todo, el Creador y los esposos no actúan en el mismo plano. Dios es siempre superior. Él está en un plano más elevado. De hecho, solo Dios es Creador. Por ese motivo, Él es el único autor del alma espiritual del bebé. Ninguna criatura puede crear de la nada (*ex nihilo*). El marido y la mujer ponen las condiciones materiales adecuadas para la recepción de esta alma espiritual.

Conviene hacer un énfasis importante. Los esposos no pueden producir un bebé. Lo reciben de Dios cooperando con Él. Por este motivo, el hijo no es una propiedad de los padres. Por el contrario, en toda ocasión, el hijo es un don que se recibe de Dios. Como tal, ha de ser acogido siempre.

Desde esta perspectiva, se ve con toda claridad que solo Dios es el dueño legítimo de las personas creadas. Cualquier intento

---

[109] Véase *SCG* III. 113; GS, 50.

de suplantar su lugar propio en las relaciones interpersonales, cualquiera que sea su índole, es y será siempre inmoral.

Retomemos el tema de la paternidad y maternidad responsables. Teniendo en cuenta el lugar propio de los esposos en cuanto colaboradores del Creador, el marido y la mujer están llamados a buscar la voluntad de Dios para llevarla a cabo de una manera *consciente* y *libre*.

La cooperación propiamente humana requiere de estos dos elementos. Por este motivo, durante la vida de los esposos, la paternidad y la maternidad responsables se llevan a cabo gracias a un *diálogo* con Dios. La cooperación consciente lo requiere por necesidad. En este diálogo, el marido y la mujer han de buscar la respuesta a la siguiente pregunta: «Señor, ¿quieres regalarnos y encomendarnos otro hijo?».

En esta diálogo existen muchos elementos de gran importancia. Los esposos cristianos han de vivir en una actitud de oración constante. No olvidemos que la oración es, precisamente, esta conversación amistosa e íntima con Nuestro Señor. Es más, todas las virtudes cristianas, teologales y humanas, así como sus actos propios, contribuyen a su manera en la búsqueda de la respuesta a esta pregunta.

Con todo, como explicaremos más adelante, la pregunta de la paternidad responsable debe ser respondida desde la perspectiva de la justicia animada por la caridad. Esta virtud es la que rige el bien común del matrimonio, de la familia, de la sociedad y de la Iglesia.

Estas reflexiones clarifican, todavía más, ese punto doctrinal que venimos subrayando reiteradamente. Aquello que especifica el matrimonio como amistad conyugal, a saber, la procreación humana, no puede confundirse con la reproducción de los animales irracionales o con la mera generación.

Los hijos son un don recibido. Son de Dios. Él los encomienda a los padres, que son sus cooperadores. Acoger el don de un hijo no puede significar tan solo colaborar en su generación. Esta acogida implica ser custodios de ese don de Dios. Por este motivo, los padres son cooperadores de Dios también a través de la educación, que prolonga de manera natural la generación.

También en la custodia y educación de los hijos, la colaboración entre los padres y Dios concurre desde planos distintos. Dios no solo regala el don del *ser* al niño porque lo ama. Además, es su amor el que lo conserva en el ser y lo cuida con su providencia.

Más allá del plano meramente natural, Nuestro Señor le confiere a ese niño, por puro amor gratuito, la gracia suficiente para alcanzar la salvación. Obviamente, los padres tienen la gran responsabilidad de colaborar con Dios en la educación de los hijos desde su propio rol, es decir, siempre subordinados a Él.

LA CONTINENCIA PERIÓDICA

La castidad en el matrimonio

Hablemos ahora de la castidad. Algunos pueden estar sorprendidos de que se aborde esta virtud al hablar del matrimonio. Quizá puedan pensar que se trata de una cualidad propia de los sacerdotes y religiosos. Algo así como un voto que hacen unos pocos, precisamente, porque no están casados. La castidad conyugal padece un grave olvido en nuestro tiempo[110].

Hemos hecho algunas menciones anteriormente. Recordemos esa mala interpretación del matrimonio como remedio de la concupiscencia. Se trataba de una errónea comprensión que convertía la expresión «mejor casarse que abrasarse» en su bandera. No falta quien utiliza esta expresión para dar una razón por la que no se sienten llamados a la vida célibe.

No vamos a explicar aquí por qué ese no es un buen motivo para descartar la vocación a la vida consagrada. De seguro que no lo es. Tampoco es una buena razón para perseguir la vida matrimonial. Esta mentalidad piensa el matrimonio como si este fuera el lugar donde la lujuria encuentra un hogar acogedor. Algo así como si las nupcias consiguieran la bendición de Dios para hacer lo que se quiera en la alcoba matrimonial. Es como un «todo vale», si se hace con la persona con la que uno está

---

[110] Véase A. MACINTYRE, *Dependent Rational Animals: Why Human Beings Need the Virtues*, Open Court, Chicago 2001. G. ABBÀ, *Lex et Virtus. Studi sull'evoluzione della dottrina morale di san Tommaso d'Aquino*, LAS, Roma 1983. I. P. BEJCZY, *The Cardinal Virtues in the Middle Ages. A Study in Moral Thought from the Fourth to the Fourteenth Century*, H. VAN RULER (ed.), Brill, Boston 2011.

casado.

Como ya anticipamos, este error es *muy grave*. El matrimonio no fomenta la lujuria. Esta última es *siempre* un pecado. Por el contrario, el matrimonio promueve la castidad, que es siempre una virtud. Esta promoción de la castidad significa que la gracia que los esposos reciben les ayuda a moderar y ordenar, según la fe y la razón, la propia sexualidad. Dicho de un modo sencillo, la castidad conyugal capacita a los esposos para tener sexo *como Dios manda y cuando Dios manda*[111].

La castidad en general

La diferencia sexual no es algo exclusivo de las personas humanas. También la encontramos en los animales irracionales. Ahora bien, estos últimos, específicamente hablando, no son seres sexuados de la misma manera en que lo somos las personas humanas.

Ya hemos tratado esta cuestión al explicar la procreación humana. No obstante, tenemos que retomar este punto desde otra perspectiva. Ahora se convertirá en una luz para explicar el carácter virtuoso de la castidad.

La castidad es una perfección. Se trata de algo valioso. Su carácter es positivo. Vivimos en un ambiente que hace complicado comprender esta afirmación. Y, sin embargo, es de capital importancia reconocer este carácter perfectivo de la castidad para desear su posesión.

La visión negativa de la castidad proviene, en ocasiones, de

---

[111] Véase D. P. ASCI, *The Conjugal Act As a Personal Act: A Study of the Catholic Concept of the Conjugal Act in the Light of Christian Anthropology*, Ignatius Press, San Francisco 2002. A. MALO, *Antropologia dell'affettività*, Armando Editore, Roma 1999.

entenderla como si fuera la *represión* espiritual de un instinto animal. En cambio, la realidad de las cosas es bien diferente. La castidad consiste en la *integración* de un impulso personal a la luz de la verdad sobre el bien. Profundicemos esta cuestión.

Ciertamente, la sexualidad humana es genéricamente animal; pero hay que añadir, inmediatamente, que es específicamente racional. Dicho de una manera sencilla, no somos «monos de la selva» a los que han agregado facultades espirituales. No somos espíritus puros que pilotan un cuerpo animal sexuado.

Las personas humanas somos una unidad sustancial de alma y cuerpo[112]. Somos seres, simultáneamente, corporales y espirituales. Todas nuestras inclinaciones y facultades brotan de nuestra única alma racional. Por eso, desde su mismo origen, la sexualidad específicamente humana está orientada, y es apta, para el orden racional que establece la castidad.

En otras palabras, la sexualidad humana está internamente orientada para la castidad y la castidad es la perfección a la que tiende aquella[113]. En última instancia, la sexualidad humana, a través de la castidad, se deja vivificar por la caridad. Esta es la perspectiva última que ofrece eso que hemos denominado, con San Juan Pablo II, el «significado esponsal del cuerpo».

La castidad es una virtud que, en lo referente a la sexualidad, ordena nuestras facultades[114]. Las inferiores quedan subordinadas a las superiores. Es algo similar a lo que ocurría antes del pecado original. También es importante apuntar que esa subordinación es de suyo una *elevación*.

---

[112] Véase *ST* I, q. 76, a. 1.
[113] Véase *ST* II–II, q. 151.
[114] Véase R. HÜTTER, *The Virtue of Chastity and the Scourge of Pornography: A Twofold Crisis Considered in Light of Thomas Aquinas's Moral Theology*, «The Thomist», 77 (2013), pp. 1–39.

Al subordinarse lo inferior a lo superior, participa de la manera de ser de aquello que es superior. Por tanto, no cabe ningún matiz negativo en esta noción de subordinación. No tiene nada que ver con una anulación o represión. En la vida cristiana, la castidad permite la participación de la sexualidad humana en el orden de la caridad y, por tanto, en la vida sobrenatural. Solo a través de estas virtudes, puede alcanzar la sexualidad humana la plenitud para la que ha sido diseñada.

Pongamos un ejemplo para ilustrar cómo esta subordinación posee el carácter de una auténtica elevación. Los hombres, al igual que muchos otros animales, poseen la capacidad de emitir sonidos. Sin embargo, la capacidad de fonación en el hombre está orientada a subordinarse a la racionalidad. Si no se somete esa capacidad a la razón, los hombres se dedicarían a emitir gruñidos.

En cambio, cuando efectivamente se somete la fonación a la razón, los hombres pueden hablar, conversar, declamar poesías e incluso cantar canciones. Pensemos en la capacidad humana de glorificar a Dios con la música sacra. Nadie pensaría que esta subordinación es una represión de nuestra capacidad natural de gruñir.

Por el contrario, la fonación humana alcanza la cima de su belleza es las actividades que hemos enunciado. La mencionada subordinación supone, de hecho, una hermosísima elevación. Nada menos que la gloria de Dios puede ser manifestada a través de ella.

Pensemos por un momento en la vivencia de la sexualidad humana que posee la persona lujuriosa[115]. El sexo queda

---

[115] Véase R. K. DeYoung, *Glittering vices: a new look at the seven deadly sins and their remedies*, Brazos Press, Grand Rapids, Mich. 2009. R. Caddel, *Deadly sins*, Taxvs, Langley Park 1984.J. Cook, *Seven: the*

reducido a un mero instrumento de goce que, por otro lado, hace caminar de insatisfacción en insatisfacción. De ahí la continua búsqueda de novedades experimentales.

Este camino es oscuro[116]. Es una senda similar a la reducción de nuestra capacidad de emitir sonidos a la mera producción de gruñidos. Por el contrario, la vivencia de la sexualidad en el matrimonio, ordenada por la castidad y vivificada por la caridad, promueve la belleza espiritual de los esposos de manera que llegan a reflejar la gloria de Dios.

Esta es la conclusión que tenemos que retener. Frente a los que entienden la castidad como represión, defendemos aquí que se trata de una auténtica virtud. Esto significa que la integración que produce la castidad promueve la belleza espiritual en la persona humana[117]. La castidad hace hermosa la vivencia humana de la sexualidad.

Existen diferentes puntos de vista desde los que estudiar la castidad. Puede ser vista como una virtud *adquirida*. En este caso, consiste en el poder ordenar la sexualidad a la luz de la recta razón humana.

También puede ser considerada como virtud *infusa*. Consiste, entonces, en una gracia operativa que capacita para ordenar la sexualidad no solo a la luz de la recta razón, sino también de esta misma iluminada por la fe. Por último, la castidad puede ser también un *fruto del Espíritu Santo*. Este fruto entraña el gozo espiritual en sus actos propios (cf. Ga 5, 23).

---

deadly sins and the Beatitudes, Zondervan, Grand Rapids, Mich. 2008.

[116] Véase H. FAIRLIE, *The seven deadly sins today*, New Republic Books, Washington 1978.

[117] Véase P. ZAMBRUNO, *La belleza que salva según Santo Tomás de Aquino*Pontificia Studiorum Universitas A. S. Thoma Aq. In Urbe, Rome 2004.

Además, también puede mirarse la castidad distinguiendo distintos tipos según el estado de vida de la persona que ha de poseerla. En lo esencial, la virtud permanece siempre la misma. La castidad, en todos los casos, ordena la sexualidad humana. Ahora bien, no es difícil comprender que ha de hacerlo de manera diferente en la vida del célibe que en la vida del casado. La castidad del célibe implica no tener relaciones sexuales por amor a Dios. En cambio, la castidad conyugal capacita para tener relaciones sexuales *como Dios manda y cuando Dios manda.*

La castidad conyugal

Cuanto llevamos dicho, hace relativamente sencillo comprender la siguiente afirmación. La procreación, precisamente por ser el fin primario del matrimonio, establece los parámetros adecuados para el crecimiento en la castidad en el contexto de la vida matrimonial.

Digámoslo de otra manera. Los esposos han de vivir de una manera consciente y libre el propósito fundamental del matrimonio, es decir, la procreación. Cuando lo hacen de esta manera, van intensificando la forma de caridad específica del matrimonio. Su intención es amar a Dios por encima de todo. Por este motivo, ponen sus vidas a disposición de Su Voluntad. Se consagran en cuerpo y alma a la misión que Dios les confía.

Pues bien, el crecimiento en la caridad conyugal conlleva un crecimiento en la gracia específica del sacramento del matrimonio. Y esa gracia posee un aspecto íntimamente relacionado con la castidad, a saber, su carácter medicinal relativo a la concupiscencia.

Hemos utilizado repetidas veces una expresión muy coloquial para dar a entender el papel de la castidad en el matrimonio.

Venimos repitiendo que es un deber de los esposos tener relaciones sexuales *como Dios manda y cuando Dios manda*. Vamos a detenernos en esta consideración.

Obviamente, cuando utilizamos esta expresión, nadie piensa que Dios se va a aparecer por la noche en una zarza ardiente que no se consume para decir a los esposos si han de tener relaciones o no. Con toda seguridad, esta no es la manera habitual de averiguar la voluntad de Dios sobre ese particular.

Hemos insistido repetidas veces en que la procreación humana implica la colaboración consciente y libre con Dios. Pues bien, una parte importante de esa cooperación consiste en el *discernimiento*.

El abandono en la Divina Providencia no significa estar dispensados de discernir. Este abandono no es real sin asumir esa responsabilidad. Pertenece a nuestra naturaleza humana participar con Dios usando nuestra capacidad de razonar. No somos animales irracionales. Ellos siguen simplemente sus instintos. Para nosotros, eso sería actuar por debajo de nuestra dignidad.

Además, la cooperación con Dios sería meramente ficticia. Pongamos un ejemplo. Imaginemos un joven que asiste a clase. La actividad que allí se realiza implica una cooperación. El profesor ha de enseñar. El alumno ha de aprender. Mientras que uno habla, el otro debe escuchar atentamente. De repente, el joven deja de participar consciente y libremente de la clase. El profesor sigue enseñando. El joven está presente, pero solo está físicamente presente. Por supuesto que oye. Ahora bien, en ningún caso, podemos decir que escucha.

Imaginemos que el profesor se da cuenta de que, *espiritualmente hablando*, el joven no está en clase. Le llama la atención. Pensemos que el chico responde algo así como que está totalmente abandonado a la clase del profesor. Como si para dejar que el profesor desplegara su sabiduría, el alumno tuviera que dejar de pensar y de escuchar. Todos convendríamos en que ese alumno no está abandonado a la clase del profesor. Más bien, ese joven ha abandonado la clase.

De la misma manera, decimos aquí que la procreación humana es una forma de cooperación consciente y libre con el Creador. Es cierto que sucede en planos distintos; pero, con todo, es una cooperación real. Si los esposos se dispensan del discernimiento, no se están abandonando a la Divina Providencia. Estamos convencidos de que entonces están simplemente abandonando la Divina Providencia.

Dos significados inseparables

El acto conyugal posee dos significados cuya conexión es inseparable. Se trata de los significados unitivo y procreativo[118]. Pues bien, la castidad ordena el acto conyugal de manera que permanezca fiel a esa inseparable conexión.

Los *significados* del acto conyugal son la expresión consciente de su misma *naturaleza* específica[119]. ¿Qué ha de entenderse aquí por naturaleza? Esta es una cuestión importante. No estamos hablando únicamente de su dimensión biológica. No existe un acto propiamente humano que posea un carácter meramente biológico.

La razón es muy sencilla. El hombre no es un ser meramente biológico. La persona humana tiene una naturaleza racional. Por lo tanto, el acto conyugal es un acto verdaderamente humano y personal. Y se sigue de ello, con necesidad, que también debe

---

[118] Véase TDC, 118:3.
[119] Véase TDC, 118:5.

ser racional.

El acto conyugal, en cuanto plenamente humano, integra en una nivel racional dimensiones que son genéricamente vegetativas y animales. En efecto, compartimos con los animales irracionales la inclinación a la unión psicofísica de los sexos[120]. Sin embargo, esa inclinación, en la persona humana, no posee el mismo modo de ser que en los perros. En su mismo origen, posee un carácter humano, porque brota de nuestra única alma racional.

La inclinación sexual humana no está gobernada por el puro instinto. Por el contrario, posee una apertura, aptitud y capacidad originarias para ser gobernada por la razón y la libertad. De este modo, el carácter inseparable del significado unitivo y procreativo se debe a su conexión racional[121].

No es una cuestión meramente biológica. En este sentido, hay que decir, sin dudar, que la biología humana procede de la racionalidad, la refleja y está llamada a servirla. Precisamente en ese servicio, alcanza su máxima expresión, es decir, toda la belleza a la que está llamada. Estamos ante un tema que tiene que ver con la acción libre según el orden racional[122].

El acto conyugal y los bienes del matrimonio

Hemos de tener presente lo que hasta ahora hemos explicado. En particular, es importante retener las explicaciones sobre los bienes del matrimonio. Recordemos que el bien de la procreación supone el bien de la fidelidad. No puede darse el bien de la prole o de la procreación sin que, al mismo tiempo,

---

[120] Véase *ST* I–II, q. 94, a. 2.

[121] Véase TDC, 119:3.

[122] Véase BROCK, STEPHEN, *The Physical Status of the Spiritual Soul in Thomas Aquinas*, «Nova et Vetera», 3/2 (2005), pp. 305–332.

se dé la fidelidad de los esposos a *todas* sus promesas matrimoniales[123].

Pues bien, tampoco puede darse la fidelidad entre los esposos si no existe, al menos de manera intencional, la voluntad de colaborar con el Creador. Esta voluntad de cooperación supone, al menos, tanto la intención de aceptar amorosamente de Dios los hijos, como la disposición para educarlos en la fe.

Así las cosas, no puede haber bien de la prole sin la fidelidad como tampoco puede existir la fidelidad sin el bien de la prole, al menos, en la intención *virtual* de los esposos. Por este motivo, podemos decir que existe una mutua inclusión entre el bien de la prole y el bien de la fidelidad.

Esta mutua inclusión de los bienes explica la inseparabilidad de los significados del acto conyugal. El corolario de esta afirmación es claro. Todo acto conyugal que sea anti-procreativo es un acto, simultáneamente, contrario al amor de los esposos. Del mismo modo, todo acto contrario a la fidelidad de los esposos es anti-procreativo o contario al bien de la prole[124].

En la misma línea de este razonamiento, Santo Tomás de Aquino explica que el acto conyugal es bueno cuando los esposos tienen en su intención *actual*, al menos, uno de estos dos bienes, es decir, el de la prole o el de la fidelidad[125].

Vamos a hacer una aclaración importante. No es necesario que cada vez que los esposos tienen relaciones sexuales quieran explícitamente tener un hijo. Lo único preciso es mantener al menos la intención *habitual* de lo prometido en la boda, sin

---

[123] Santo Tomás también equipara la procreación al bien de la prole en *SCG* IV. 78; *In IV Sent.*, d. 31, q. 2, a. 2, ad 1.

[124] Véase Pablo VI, *Humanae Vitae*, no. 12; GS, 48, 51.

[125] Véase *In IV Sent.*, d. 31, q. 2, a. 2, c.

hacer nada para contrariarla.

Hemos hecho mención a tres modalidades de la intención que conviene clarificar. Se trata de una distinción relevante para la vida cristiana en general. Hemos hablado de *intención habitual, virtual y actual*. Vamos a poner un ejemplo para mostrar su significado.

Imaginemos un joven que siempre ha soñado con ir a Roma a visitar el Vaticano. Es un propósito estable en su intención desde que tiene capacidad para recordar. Esa intención podría ser denominada *habitual*.

Obviamente, aquel propósito tiene influencia en su vida de cada día. Las cosas que le acerquen a la consecución de su fin se le presentarán como algo deseable. Con todo, no ha de estar continuamente pensando en que quiere ir a Roma. Simplemente, irá haciendo lo posible para preparar el cumplimiento de su propósito. Irá eligiendo los medios que preparan, siquiera sea remotamente, su viaje.

Esa intención pasa a estar en un estado diferente cuando, por fin, consigue todo lo que necesita y se dispone a emprender efectivamente el viaje. Para llegar a Roma ha de hacer muchas cosas. Ha de madrugar, tomar un autobús hacia el aeropuerto, volar hacia New York y, desde allí, tomar el vuelo hacia Roma.

La mañana en que despierta temprano, para partir, comienza el día con la intención de llegar a Roma. Con todo, no ha de estar continuamente renovando esa intención. Al emprender el viaje está intención está presente, de algún modo, en todo lo que tiene que hacer. Esta es la intención *virtual*.

Ahora imaginemos que sucede alguna contrariedad. Esa contrariedad, tal vez, le animaría a volver a casa. En cambio, renueva su intención de llegar hasta Roma para cumplir con su propósito anhelado. En este momento preciso en que renueva su intención que le lleva a salvar los obstáculos del viaje, su intención es *actual*.

En la vida cristiana, cuyo centro es la caridad, sucede de una manera similar. Siempre que uno está en gracia de Dios, la caridad está en su alma. Para vivir en gracia de Dios, ha de tenerse al menos la intención *habitual* de amar a Dios sobre todas las cosas y ofrecer a Dios toda la vida.

Además de eso, cada mañana uno puede rezar el ofrecimiento de las obras y padecimientos del día a Nuestro Señor. De esa manera, salvo que se rectifique la intención, la caridad está presente *virtualmente* en todo lo que se hace durante el día. Y, obviamente, es de mucho provecho para la vida espiritual renovar durante el día esa intención de manera *actual*.

Los bienes del matrimonio o los fines del acto conyugal han de estar presentes en la intención de los esposos al menos de manera *habitual* para que dicho acto sea moralmente bueno. De la misma manera, la caridad ha de estar siquiera de modo *habitual* para dicho acto sea *santo*. Por lo que respecta a la intención actual, basta con que recaiga sobre uno de los bienes del matrimonio para que el acto conyugal sea bueno, estando los demás bienes en la intención al menos *habitual*.

El placer sexual no es malo. Es importante decirlo *in recto*. Su contexto apropiado es el acto conyugal que tiene en la intención actual, o bien la fidelidad, o bien la procreación[126]. En cambio, si el placer se convierte en el objetivo directo del acto, de manera aislada de los bienes mencionados, aquel acto es moralmente malo. El motivo es bien sencillo. La naturaleza misma del acto conyugal queda falsificada.

Este tipo de pecado puede ser venial o incluso mortal.

---

[126] *In IV Sent.*, d. 31, q. 2, a. 3, c.

Veamos dos ejemplos que nos ayuden a ilustrar la diferencia. Pongamos que un marido tuviera relaciones con su esposa, pero no por ser su esposa, sino por ser simplemente mujer. Si estuviera dispuesto a tener relaciones con ella, incluso si no fuera su esposa, estaría cometiendo un pecado mortal. Su deseo por ella no está, en ese caso custodiado, por los bienes del matrimonio[127].

Hagamos una variación de este ejemplo. Supongamos, por el contrario, que el esposo busca el placer con la propia mujer; pero, esta vez, solo porque es su esposa y no simplemente por ser una mujer. En este caso, el pecado sería venial. Una vez más, hay que decir que se trata de un pecado, porque su deseo por ella no está custodiado por los bienes del matrimonio.

Los bienes de la procreación y/o de la fidelidad, habitualmente queridos ambos y actualmente querido al menos uno de ellos, hacen que el acto conyugal sea moralmente bueno. No obstante, todavía hay que subrayar una cosa más que ya ha sido dicha de pasada. El bien del sacramento es capaz de elevar esta bondad natural al nivel de la santidad. Cuando el acto conyugal está animado por la caridad sobrenatural no solo es un acto moralmente bueno, sino santo. Contribuye a la santificación de los esposos[128].

Seis casos morales distintos

Hemos considerado el acto conyugal moralmente bueno y santo. Ahora detengámonos un momento en el acto moralmente *malo*.

El mal es una privación de un bien debido. Por este motivo, se

---

[127] Véase *In IV Sent.*, d. 31, q. 2, a. 3, ad 1. TDC, 43:3.
[128] Véase *In IV Sent.*, d. 31, q. 2, a. 1, c.

conoce el mal a través del bien que se pierde. Esa es la razón por la que, para comprender el mal que supone el uso de los anticonceptivos, vamos a examinar la cuestión a la luz del bien que entraña el buen uso de la continencia periódica. Nuestra intención es exponer, con claridad, *la enseñanza de la Iglesia*. Para lograr tal fin, juzgamos oportuno y útil distinguir seis casos morales distintos.

El primer caso que vamos a exponer sería el de un matrimonio que abandona al «azar» su responsabilidad procreativa. En este caso, los esposos tendrían la firme convicción de que su actitud es, en realidad, un total abandono a la Providencia Divina.

Como hemos señalado anteriormente, en este caso existe una renuncia al discernimiento continuo. La única consideración que anima esta decisión es la de una regla universal que rezaría como sigue: «no hay por qué restringir la actividad sexual dentro del matrimonio». Si viene un niño, como fruto de esa falta de restricción o continencia, es simplemente porque es la Voluntad de Dios[129].

Este escenario moral debe distinguirse de otro caso en el que los esposos no tienen en la intención actual el bien de la prole, pero sí el de la fidelidad. En este segundo caso, *no hay renuncia al discernimiento*.

Pongamos un ejemplo más concreto. Imaginemos un matrimonio recién casados. Ya han hecho su discernimiento. Tienen claro que están listos para ser padres en el momento en que Dios les quiera regalar un hijo. Estos esposos pueden tener relaciones tanto en los periodos fértiles como en los infértiles, sin que exista pecado alguno. El bien de la prole sería amado *habitualmente* o *virtualmente*; en determinadas ocasiones,

---

[129] Véase TDC, 121:2.

incluso *actualmente*. También ellos practican la continencia periódica, porque existen días del mes que no son apropiados para mantener relaciones sexuales.

Este segundo caso muestra una confianza en la Providencia Divina diversa de la anterior. El primer caso, más que un abandono *a* la Providencia es, como dijimos, un abandono *de* la Providencia.

En este segundo caso, por el contrario, dicho abandono se hace de un *modo humano*. Consciente y libremente, no se abandona la sexualidad al mero impulso. Por el contrario, se subordina la sexualidad a la razón, al modo propio de la *castidad conyugal*.

Consideremos un tercer caso. Imaginemos ahora un matrimonio que usa la continencia periódica por razones serias y, sobre todo, justas. Este caso muestra, de la mejor manera, el bien moral ausente en todos los demás escenarios en que se peca.

La responsabilidad procreativa puede evidenciarse aquí tanto en la búsqueda activa de un hijo, como en el hecho de procurar espaciar su concepción. La sexualidad no queda abandonada al puro impulso. Se promueve su orden racional a través de la castidad conyugal[130].

La comprensión de la bondad de esta acción requiere algunas nociones. Es de particular importancia recordar la enseñanza del *Catecismo de la Iglesia Católica* sobre las fuentes de la moralidad. Estas fuentes son tres: *el objeto de elección, la intención y las circunstancias*[131].

---

[130] Véase TDC, 124:6.
[131] Véase CIC, 1749–1751. K. FLANNERY, *Christian & Moral Action*, The Institute for the Psychological Science Press, Arlingtong 2012.

Tenemos que distinguir *lo que* hacemos, es decir, el *objeto* de elección, del *motivo* por el que hacemos aquello, o lo que es lo mismo, la *intención*. Pongamos un ejemplo sencillo. Cabe la posibilidad de dar limosna por diferentes motivos. Puedo hacerlo para la gloria de Dios o, sencillamente, por ser visto. En ambos casos, *lo que hago*, es decir, el *objeto de elección*, es lo mismo. En cambio, mis *intenciones*, o el motivo por el que hago limosna, son bien diversas.

Siguiendo el *Catecismo*, para que una acción moral sea buena *es necesario que tanto el objeto de elección como la intención sean moralmente buenas*. Dicho de otro modo, quien hace algo bueno con una mala intención comete un pecado. Exactamente igual sucede con aquel que hace algo malo con una buena intención. En ambos casos, se comete un pecado.

Por último, tengamos en cuenta que las circunstancias deben ser las apropiadas. No resultará difícil comprender, gracias al sentido común, esta cuestión. Imaginemos un matrimonio que tienen la intención de colaborar con Dios en la transmisión de la vida y que eligen tener relaciones de una manera apropiada, teniendo los bienes del matrimonio en la intención habitual y al menos uno de ellos en la intención actual.

Hasta aquí todo está en orden. Sin embargo, si eligen tener relaciones en un *lugar* público, todos entendemos que no están haciendo algo moralmente bueno. El *donde* se hace algo es una circunstancia; pero, como queda patente, las circunstancias importan en la calificación moral de las acciones humanas.

Volvamos al caso que nos ocupa. Estábamos considerando el escenario moral en el que un matrimonio usa la continencia periódica por razones justas y serias. Se trata de un caso en el que se hace algo moralmente bueno.

Lo que los esposos eligen hacer es el acto conyugal según

todas las condiciones apropiadas para su moralidad. La decisión de buscar o espaciar un hijo se funda, justamente, en su intención de colaborar con el Creador en la transmisión de la vida y su educación.

De consecuencia, se trata de un acto moralmente bueno. En ambas posibilidades, bien la búsqueda de un hijo con la convicción de que ahora Dios quiere enviarlo, bien por la intención de espaciar la concepción con la convicción de que es la voluntad de Dios ahora para el matrimonio; esta es la manera más humana de tener en la intención actual el bien de la prole.

Pasemos ahora a un cuarto caso. Esta vez, el matrimonio en cuestión usa la continencia periódica por razones injustas y no serias. Este caso, sin duda, implica un mal moral. El acto conyugal se ve privado de una importante dimensión procreativa.

Se trata de una decisión que no se funda en la intención de colaborar con Dios. No existe un discernimiento que produzca la convicción de que Dios quiere que se practique la continencia periódica. Por el contrario, existe una intención *anti-procreativa*.

El bien de la prole no está solo ausente de la intención actual o virtual, sino también de la habitual. Con todo, no puede confundirse este acto con el acto anticonceptivo. Ciertamente, existen semejanzas para el observador externo, pero la maldad moral de los actos procede de fuentes diversas.

Para ilustrar esta última consideración, veamos un quinto escenario. Supongamos unos esposos que utilizan anticonceptivos por razones serias y justas. Este matrimonio se *parece* al del tercer caso en lo que toca a su intención. En cambio, hay una diferencia decisiva. Su objeto de elección es diferente.

El uso de anticonceptivos destruye la naturaleza misma del acto conyugal tanto en su significado procreativo, como en el unitivo. Por este motivo, se trata de un acto que es moralmente malo *siempre y en toda circunstancia*. No cabe discernimiento que lo justifique[132].

No hay circunstancia que pueda convertir un acto intrínsecamente malo en uno bueno. Las intenciones pueden ser muy buenas. La valoración de las circunstancias excelente. El discernimiento totalmente acertado sobre la necesidad de espaciar la concepción de los hijos. Por el contrario, el objeto de elección es *intrínsecamente malo*.

Este es un caso en el que se persigue un fin bueno. En cambio, los medios que se eligen son inadecuados y contradictorios. Si uno quiere buscar la voluntad de Dios sobre los hijos que deben tenerse (*intención buena*), ¿cómo podría perseguirla haciendo algo contrario a su misma voluntad (*objeto de elección moralmente malo*)?

El fin *nunca* justifica los medios. No puede elegirse el mal para conseguir un cierto bien. No cabe excepción alguna a esta afirmación. En conclusión, los actos conyugales anticonceptivos son *intrínsecamente malos*. No cabe intención o circunstancia que los pueda justificar.

Por último, para concluir con los seis casos anunciados, consideremos un matrimonio que decide usar anticonceptivos por razones injustas y no serias. Este escenario es, desafortunadamente, muy frecuente. Ninguna precisión más cabe hacer. En este caso, tanto el objeto de elección como la intención son moralmente malas.

---

[132] Véase S. PINCKAERS, *A Historical Perspective on Intrinsically Evil Acts*, in *The Pinckaers Reader. Renewing Thomistic Moral Theology*, The Catholic University of America Press, Washington 2005, pp. 185–235.

La continencia periódica

Hemos considerado dos escenarios en los que la continencia periódica es usada bien. Estos casos resaltan cuál es su verdadero carácter natural. Detengámonos en esta cuestión.

Con frecuencia, escuchamos que en estos temas el método que la Iglesia propone es el «método natural». Creemos que esta no es la manera más acertada de expresarse. Parece que podríamos encontrar un modo de articular esta realidad que resaltara mejor su auténtica naturaleza.

La noción de «método» puede conducir a equívocos. Alguien podría pensar que se trata de dominar una técnica eficaz para los propios propósitos. Más que de un método, preferimos hablar de un *«estilo de vida»*. Asimismo, pensamos en un estilo de vida virtuoso que promueve la integración y la comunión.

El motivo que hace moralmente bueno o virtuoso este estilo de vida no tiene que ver *in recto* con su estatus no-artificial. Además, como hemos visto, puede hacerse un uso moralmente bueno o moralmente malo de la continencia periódica. Parece que no cabe hablar, por tanto, de un método que es bueno siempre y bajo cualquier circunstancia por el mero hecho de no ser artificial.

No obstante, la explicación sobre en qué sentido la continencia periódica bien usada es *natural* posee su importancia. No se trata de algo natural por el hecho de contraponerse a lo artificial. Demonizar todo lo artificial no está bien. Si todo lo artificial fuera moralmente malo, tendríamos que confesarnos cada vez que tomáramos aspirinas para el dolor de cabeza.

La continencia periódica, bien usada, es buena en el mismo sentido en el que la ley natural lo es. Se trata de algo que está en total consonancia con la naturaleza racional de la persona humana[133]. Hablamos aquí de naturaleza no en un sentido meramente biológico, ni siquiera meramente físico, sino de la naturaleza metafísica de la persona humana. Se sigue de esta afirmación que todo acto conyugal realizado dentro del buen uso de la continencia periódica es tanto unitivo como procreativo.

Podría plantearse una objeción a esta última afirmación. El problema aparente sería la efectiva existencia de actos conyugales que *pueden ser* no-generativos. Podemos pensar en matrimonios que son estériles, que alcanzan una edad avanzada o que, simplemente, tienen relaciones en periodos infecundos. Estos actos no son generativos.

Ahora bien, no por ello quedan viciados. Dicho sea de paso que estamos hablando de actos no-generativos, y no de actos anti-generativos. Hemos dicho que los actos conyugales moralmente buenos son tanto unitivos como procreativos. El problema aparente se resuelve cuando se cae en la cuenta de que un acto conyugal puede ser no-generativo y, sin embargo, procreativo.

Para comprender bien esta afirmación, es preciso retener nuestra comprensión de la procreación. Esta consiste en la libre colaboración de los esposos con el Creador en la transmisión de la vida y la educación. Así las cosas, cuando un matrimonio usa la continencia periódica porque tiene razones justas y serias para espaciar los hijos, sus actos conyugales son *procreativos*[134].

---

[133] Véase TDC, 124:6; 125:1.
[134] Véase HV, 11–12. J. E. SMITH, *Humanae Vitae, a Generation Later*, The Catholic University of America Press, Washington, D.C 1991. D. VON HILDEBRAND, *The Encyclical "Humanae Vitae": A Sign of Contradiction*, J. Crosby — D. Fedoryka (trads.), Franciscan Herald Press, Chicago 1969.

En estos actos, se busca *actualmente* el bien de la fidelidad. Al mismo tiempo, se colabora con el creador precisamente poniendo las condiciones apropiadas para espaciar los hijos. No olvidemos que para tomar adecuadamente esta decisión se requiere realizar un *discernimiento*.

Este discernimiento tiene como objetivo averiguar si *verdaderamente* es la voluntad de Dios poner las condiciones para espaciar los hijos. Para dirimir esta cuestión, los esposos han de dialogar con Dios en la oración, y ponderar las circunstancias, teniendo presente el bien común de la familia.

No se trata de un capricho racionalizado o de un egoísmo bien meditado. Se trata de discernir la voluntad de Dios teniendo en cuenta la misión de la familia. Por este motivo, un criterio decisivo a considerar para usar la continencia periódica de una manera buena y, a ser posible, santa, es la educación de los hijos que ya se tienen.

De este modo, el ejercicio de la abstinencia durante los periodos fértiles puede, y debe, convertirse en una prueba de amor tanto a Dios por encima de todo, como a la propia esposa, esposo y a los hijos[135]. Por este camino, se promueve la castidad conyugal. Además, se colabora con la gracia del sacramento del matrimonio en cuanto que es remedio para la concupiscencia.

Queda claro, entonces, que la continencia periódica comprendida como abstenerse de la intimidad conyugal en los periodos fértiles, es no-generativa. No obstante, las razones justas y serias que animan el discernimiento hace que sea un ejercicio tanto de la responsabilidad procreativa como de la caridad conyugal.

---

[135] Véase TDC, 121:5.

La santificación de los esposos no consiste en tener la mayor cantidad de hijos posibles. Más bien, el punto central está en vivir ese diálogo íntimo con Dios que es posibilitado por la caridad sobrenatural. Esta forma de amistad pone al matrimonio en sintonía espiritual con Dios, de manera que puedan discernir el modo particular en que están llamados, como familia, a compartir la misión del Redentor. Por este motivo, el objetivo no es tener la mayor cantidad de hijos posible, sino *aquellos que Dios quiere*.

Vamos a poner un ejemplo muy iluminador. No cabe duda de que la Sagrada Familia de Nazaret es un modelo al que todas las familias que buscan la santidad pueden mirar con atención. Pues bien, San José y la Virgen María son una prueba de que la procreación no implica la generación biológica de un hijo.

Santo Tomás de Aquino se hace una pregunta que puede ayudarnos mucho en esta reflexión. El matrimonio de José y María, ¿fue verdadero matrimonio? Eso es tanto como preguntarse si, además de ser válido, fue también bueno y santo[136].

La cuestión está en que, para que un matrimonio alcance su perfección, es preciso que realice lo que hemos denominado los bienes del matrimonio; pero parece que si José y María no tuvieron hijos, eso supondría una dificultad.

En cambio, si distinguimos la generación de la procreación desaparece ese problema. La generación es un aspecto de la procreación. Por ese motivo, José y María no generaron hijos, pero su matrimonio fue *procreativo*.

En efecto, ellos colaboraron con el Creador en la transmisión de la vida. Nunca tuvieron relaciones sexuales, porque la

---

[136] Véase *ST* III, q. 29, a. 2, c.

Voluntad de Dios era clara a ese respecto. No tenían la misión de generar más hijos.

Sin embargo, tenían la misión de colaborar con el Creador en la educación de Jesús. Su matrimonio fue válido, bueno y santo. Con toda seguridad, si Dios hubiera querido que tuvieran más hijos, ellos habrían abrazado la voluntad de Dios completamente y no hubieran vivido absteniéndose de tener relaciones sexuales.

He aquí un modelo maravilloso para toda familia cristiana. Como José y María, es preciso vivir completamente entregados a la misión que Dios quiera confiar a cada familia. Esta entrega completa puede muy bien denominarse un total abandono a la Providencia Divina, pero ese abandono no puede consistir en abandonar la cooperación con Dios.

Como hemos dicho, más que abandonarse a la voluntad de Dios, eso sería abandonar a Dios, es decir, negarse a cooperar consciente y libremente con Él. No olvidemos que Dios quiere nuestra amistad. No desea que seamos siervos que no están al corriente de las cosas de su Señor. Más bien, nos trata como amigos que comparten su vida, sus confidencias y su corazón.

El mal esencial de los actos anticonceptivos

Hemos afirmado que los actos anticonceptivos son intrínsecamente malos. Vamos a tratar ahora de profundizar en esta cuestión para clarificarla. Un *acto anticonceptivo* es aquel que «en previsión del acto conyugal, o en su realización, o en el desarrollo de sus consecuencias naturales, se proponga, como fin o como medio, hacer imposible la procreación»[137].

El mal esencial de estos actos no puede detectarse a un nivel

---

[137] Véase HV, 14.

meramente biológico. No olvidemos que estamos intentando explicar un mal de orden propiamente *moral*. Por ese motivo, un matrimonio que es biológicamente estéril, cuando tiene relaciones sexuales, no está realizando un acto anticonceptivo.

Tampoco puede consistir el mal del que estamos hablando en el carácter *artificial* de algunos anticonceptivos. Podemos pensar en algunos actos anticonceptivos que no son *artificiales* y, en cambio, son completamente inmorales. Este es el caso, por ejemplo, del *coitus interruptus*.

Estas consideraciones ponen la siguiente pregunta: ¿cómo podemos identificar el mal moral de los actos anticonceptivos? Para formular una buena respuesta, debemos tener presente lo que hemos llamado el carácter *natural* del buen uso de la continencia periódica.

Su naturalidad no provenía de su ausencia de artificialidad, sino de la *racionalidad*. ¿En qué sentido los anticonceptivos no son naturales? No son naturales porque atentan contra el recto orden racional de los actos humanos y las virtudes[138].

Para arrojar más luz sobre esta afirmación, sigamos comparando el buen uso de la continencia periódica y los actos anticonceptivos en su mutuo contraste. Este cotejo irá clarificando cómo el mal moral consiste en la privación de un bien debido en este caso concreto.

Como hemos explicado, el buen uso de la continencia periódica promueve la virtud de la castidad, la responsabilidad y la caridad conyugal misma. De este modo, fomenta la subordinación de la sexualidad humana, dentro del matrimonio, a la cooperación responsable con el Creador, gracias al orden de la recta razón iluminada por la fe y animada por la caridad.

---

[138] Véase FC, 32.

Como dijimos también, esta subordinación consiste realmente en una elevación. Promueve, realmente, la belleza espiritual de la familia. La gloria de Dios resplandece en este modo de vivir. En cambio, el uso de los anticonceptivos conduce a un camino opuesto. Dicho uso abandona la vida sexual al ámbito de las pulsiones y las apetencias desordenadas. Se evade toda referencia y responsabilidad para con Dios. Si hemos dicho que la subordinación a lo superior constituye una auténtica elevación y promoción, ahora también hemos de afirmar que esta subordinación de lo superior a lo inferior implica una auténtica degradación.

Asimismo, hemos explicado que el buen uso de la continencia periódica promueve tanto el bien de la fidelidad como el bien de la prole. Por el contrario, el uso de los anticonceptivos en el matrimonio atenta contra ambos bienes. Constituye un atentado contra su mutua inseparabilidad.

Por este motivo, los anticonceptivos privan al acto conyugal tanto de su dimensión procreativa como de su dimensión unitiva. Esto significa que se destruye la colaboración con Dios en la transmisión y educación de la vida y, también, se mina la comunión entre los esposos.

Cuando el bien común que especifica la amistad matrimonial no se tiene como un fin al que aspirar juntos, ¿cómo podrá darse la auténtica comunión entre los esposos? Sin un bien común en el que comulgar, sin una misión que compartir en la que se coopera con Dios mismo, solo queda la pugna de los bienes privados o la sincronización de ciertos intereses particulares que puedan converger. No hay manera de abdicar de la procreación que no suponga una destrucción de la unión de los esposos.

El uso de los anticonceptivos va forjando una mentalidad muy particular. Ahora Dios no es un amigo con el que colaborar juntos. Los hijos no son un don suyo. Por el contrario, Dios y su posible encargo de un hijo son una amenaza que evitar, un peligro del que hay que desembarazarse, un riesgo para el bien privado.

Esta mentalidad, fundamentalmente soberbia, está condenada a acarrear pereza espiritual y envidia. Y, por ese camino, solo es posible la división, el conflicto, el egoísmo, el odio, el deseo de dominio, la rivalidad, etc. En ningún caso la comunión entre los esposos.

La elección de los anticonceptivos, incluso cuando los motivos son supuestamente fundados en la procreación responsable, supone el rechazo de la alternativa por parte de los esposos. Rehúsan la práctica virtuosa de la continencia periódica. En consecuencia, se produce un rechazo de la responsabilidad.

Esta es el punto de partida hacia la *desintegración* del amor. El amor integrado es aquel que es virtuoso. En cambio, este amor desintegrado evade la responsabilidad y la virtud. De esa manera, los esposos abren las puertas tanto de sus almas como de su matrimonio a la lujuria y al aislamiento del placer como fin exclusivo de las relaciones conyugales.

Estos enemigos son muy peligrosos de puertas para adentro. Hieren de muerte al amor conyugal. La lujuria tiende a extinguir el auténtico amor matrimonial. En su lugar, deja una imitación caricaturesca del mismo.

La relación entre los esposos tiende a reducirse a un nivel meramente físico y emocional que está dominado por la lógica de la auto-gratificación y el *egoísmo*. Este nivel no puede poner en comunión lo más íntimo del ser del marido y la mujer. Solo el amor espiritual es capaz de hacer eso.

Un amor meramente físico y emocional establece una relación

que no va, por decirlo así, de corazón a corazón, sino tan solo de cuerpo a cuerpo, de emoción a emoción. Si este amor no está elevado por la castidad al orden espiritual, está condenado a no ser capaz de trascender la propia subjetividad.

En este punto, si no se produce la separación del matrimonio externamente, lo que quedará en las paredes de lo que debiera ser el hogar familiar, es la triste cohabitación de dos seres solitarios. Comparten placer e intereses. Posiblemente alguna obligación tediosa; pero las puertas de la auténtica *convivencia*, de las *confidencias* y de la *sintonía espiritual* están cerradas.

Este terreno es, por completo, inaceptable. Constituye una grave violación de la *responsabilidad* que implica el amor matrimonial. Este amor ya no posee la madurez suficiente como para justificar la enorme confianza que los esposos se depositan mutuamente.

Es importante que esta reflexión deje una conclusión clara. El uso de los anticonceptivos *hiere mortalmente el amor de los esposos*. No se trata solo de que conviertan las relaciones sexuales en algo biológicamente no-generativo. Sobre todo, se trata de actos *intencionalmente anti-procreativos*. Acarrean una importante privación para el matrimonio.

Lo despojan de la perfección y maduración de su amor para la libre cooperación con el Creador en la transmisión de la vida y la educación de los hijos. Además, como hemos apuntado, se promueven así los vicios contrarios a las virtudes que la caridad conyugal vivifica.

Para concluir, hemos de hacer una última anotación. Los actos anticonceptivos son un pecado de orden especial. Junto con otros, han de ser agrupados en el género de pecados contra la naturaleza humana (*pecatum contra naturam*).

Se les denomina de esta manera porque no solo atentan contra

COMO CRISTO AMÓ A SU IGLESIA

la recta razón, tal y como lo acabamos de explicar. Además, estos actos corrompen los mismos cimientos del orden moral racional. Son un atentado contra una inclinación natural.

Ya dijimos que todas las inclinaciones naturales de las personas humanas son también racionales. Ahora, primordialmente, importa señalar el atentado contra la naturaleza de esa inclinación que tiende a la unión de los sexos en el matrimonio. Los actos anticonceptivos la desconectan de su fin y acto propio[139]. Por esta peculiaridad, reciben ese nombre especial de *contra naturam*.

El mal uso de la continencia periódica

Vamos a explicar ahora el mal uso de la continencia periódica. Esta explicación requiere que cambiemos la perspectiva. No vamos a mirar los actos ahora tanto en su objeto moral como en su intención.

En la continencia periódica, el objeto moral de los actos que se realizan es siempre *bueno*. Cuando se tienen relaciones sexuales, se tienen *como Dios manda*. La cuestión está entonces en la motivación para no tenerlas o tenerlas de un modo planificado. Dicho de una manera más sencilla, hay que responder a la siguiente pregunta: ¿por qué motivos utilizan estos esposos la continencia periódica?

Para retomar un ejemplo que ya hemos puesto, digamos que el mal uso de la continencia periódica se parece, en cierta manera, a la donación de una limosna *para ser visto* por los demás. *Lo que* se hace no es malo. El problema radica en la intención por la que se hace. *Su motivación* vicia una acción buena.

De una manera muy similar, la continencia periódica no

---

[139] Véase *ST* II–II, q. 152, a. 12, c.

puede ser moralmente mala en sí misma. En cambio, los motivos, es decir, las razones por las que se elige, sí que pueden serlo[140].

El mal uso de la continencia periódica también constituye un grave atentado contra la integridad del amor conyugal. Produce una terrible reducción. La continencia periódica *debe ser* un estilo de vida casto. En cambio, elegida por los motivos equivocados queda reducida a *mera técnica*. Se convierte en un método *sin virtud*[141]. Por este camino, el uso de los periodos infértiles puede llegar a convertirse en una fuente de abusos. Quedan abiertas las puertas, por ejemplo, al egoísmo y la mentalidad utilitarista.

Estos abusos ya han aparecido en nuestra reflexión. Se encuentran en la intención de muchos matrimonios que recurren a la anticoncepción. Por las consecuencias similares, se dice en ocasiones que la continencia periódica es, en realidad, el anticonceptivo católico[142]. Esta opinión es completamente falsa. Es importante aclarar que la continencia periódica no es lo mismo que los anticonceptivos. Ni siquiera cuando dicha continencia es mal usada.

Con todo, cabe admitir que cuando dos acciones distintas comparten una misma intención terminan por parecerse. De ahí las consecuencias similares que podemos detectar. Sucede de manera parecida en otros terrenos de la vida. Por ejemplo, un pintor y un cantante hacen cosas muy distintas. No hace falta mucha demostración. Ahora bien, si lo hacen ambos por vanagloria terminan pareciéndose en muchos aspectos.

De manera semejante, el uso de anticonceptivos y el mal uso

---

[140] Véase TDC,122:3.
[141] Véase TDC, 14:4.
[142] Véase TDC, 125:4.

de la continencia periódica terminan engendrando sus similitudes. Y es que, si lo pensamos bien, la intención que vicia el mal uso de la continencia periódica es también una intención *anti-procreativa*.

Se trata de un rechazo a discernir correctamente la voluntad de Dios en lo que toca a los hijos. Este discernimiento debiera atender sobre todo a la *justicia vivificada por la caridad* como virtud que gobierna el bien común de la familia, del matrimonio, de la sociedad y de la Iglesia[143].

La intención anti-procreativa no promueve el bien común. Eso es propio, bajo aspectos específicos diferentes, de la caridad y la justicia. En cambio, esa intención promueve el *egoísmo*.

La raíz de esta intención está en el amor propio desordenado del que es titular el hombre soberbio. Por esta razón, de este vicio capital, como razón fundamental de ruptura de la amistad obediente con Dios, brotan sus consecuencias habituales, es decir, los pecados contra la caridad tanto en la relación con Dios como con el prójimo. Estamos hablando de la pereza espiritual y la envidia[144].

Por este motivo, la intención anti-procreativa no solo rompe alianzas con Dios, sino que hace saltar las bases de la comunión entre los cónyuges. Y por esta senda, puede conducir a la lujuria. Dado el caso, las relaciones sexuales dejan de tenerse teniendo en la intención habitual el bien de la fidelidad y de la prole. Tampoco se tiene al menos uno de ellos en la intención actual.

Lo que sucede es que se aísla el placer como objetivo primordial. Se termina en la misma mentalidad que hemos

---

[143] Véase HV, 16.
[144] Para la pereza véase D. J.-C. NAULT, *The Noonday Devil: Acedia, the Unnamed Evil of Our Times*, Ignatius Press, San Francisco 2015.

descrito anteriormente al tratar del uso de los anticonceptivos. Todo lo que debiera ser bueno, y amado, se convierte en una amenaza para el bien privado: tanto Dios, como el futuro posible hijo, como el otro cónyuge y sus necesidades.

La actitud procreativa también puede discernir que es necesario espaciar los hijos en este momento. Este discernimiento apunta a la convicción de que Dios lo quiere así; pero, en ningún caso, conduce, como la mentalidad anti-procreativa, a considerar como un mal o una *amenaza* el niño que pueda venir. Esta actitud no solo no es anti-procreativa, sino que tampoco es anti-generativa, en ningún caso. Dijimos que no es lo mismo un acto no-generativo que uno anti-generativo. La actitud procreativa puede ocasionalmente ser no-generativa, pero nunca anti-generativa.

El discernimiento del que se habla concluye en la intención de espaciar los hijos, practicando la continencia periódica, porque a la luz de la caridad y la justicia ha examinado las circunstancias en las que vive la familia y parece que no son las adecuadas para tener otro hijo ahora. Con todo, como se trata de un discernimiento que quiere colaborar sinceramente con el Creador, incluso renunciando a algún bien personal a favor del bien común, es una actitud procreativa que considera al posible futuro hijo como un bien[145].

El juicio prudencial o discernimiento que es procreativo siempre permanece abierto a que Dios dicte lo contrario de lo que se pensó que era su voluntad. Por este motivo, si Dios quisiera que los esposos tuvieran otro hijo, lo tendrían. Lo aceptarían amorosamente, tal y como prometieron el día de su boda.

---

[145] Véase TDC, 121:5.

Por este motivo, la actitud procreativa que anima su discernimiento hace que todos sus hijos sean amados desde antes de su concepción, aun cuando estén actualmente practicando la continencia periódica.

Las parejas que practican la continencia periódica con una actitud anti-procreativa no abandonan su sexualidad al desorden de la misma manera que los que optan por el uso de los anticonceptivos. En efecto, en el caso de la continencia periódica mal empleada es necesario ser capaz de frenarse o de sujetar los impulsos sexuales en los periodos fértiles. A pesar de eso, hay que decir con toda claridad que ese *frenarse* no alcanza a ser virtud alguna.

No todo dominio de los impulsos es virtud. En este caso, se trata de un dominio que está informado por motivos egoístas, y no por la recta razón. Por eso, no se trata de un orden racional *según la verdad sobre el bien*. No todo orden de la razón es un ordenamiento de la recta razón. Muchas acciones moralmente malas requieren de mucho orden y cálculo.

CONCLUSIÓN

Caritas Christi urget nos. El amor de Cristo nos apremia. Hemos tenido ocasión de contemplar cómo el amor de Jesús por su Iglesia es la fuente, el modelo y el destino del amor conyugal. Él es el Alfa y la Omega, el Primero y el Último. Todo ha sido creado por Él y para Él. De su plenitud de gracia y verdad, recibimos el poder para llegar a ser hijos de Dios y obrar en consecuencia.

La caridad conyugal, auténtica alma de toda virtud matrimonial, es la clave para la santificación de las familias cristianas. El cumplimiento de la misión que el Señor os encomienda es de una gran importancia para la Nueva Evangelización.

No se enciende la luz de la caridad conyugal en las almas de los esposos cristianos para que sea escondida o sofocada. Nuestro Señor quiere que esa luz, reflejo de su amor esponsal por cada persona humana, brille en este mundo.

No nos queda más que encomendar todas las familias cristianas al Sagrado Corazón de Jesús. Con la mirada puesta en este Corazón traspasado y llenos de gratitud por un amor tan inefable, ofrecemos los frutos de esta obra para alabanza de Gloria de la Trinidad Beatísima.

OBRAS CITADAS

ABBÀ, G., *Lex et Virtus. Studi sull'evoluzione della dottrina morale di san Tommaso d'Aquino*, LAS, Roma 1983.

ALBURQUERQUE, E., *Emergencia y urgencia educativa. El pensamiento de Benedicto XVI sobre la educación*, CCS, Madrid 2011.

ALLEN, P., *Man and Woman Complementarity: The Catholic Inspiration*, «Logos» 9/3 (2006), pp. 87–108.

DE AQUINO, S. T., *Suma de Teología*, REGENTES DE LAS PROVINCIAS DOMINICANAS EN ESPAÑA (ed.), BAC, Madrid 2001.

ARMITAGE, M., *Obedient unto Death, Even Death on a Cross: Christ's Obedience in the Soteriology of St. Thomas Aquinas*, «Nova et Vetera, English Edition» 8/3 (2010), pp. 505–526.

ASCI, D. P., *The Conjugal Act As a Personal Act: A Study of the Catholic Concept of the Conjugal Act in the Light of Christian Anthropology*, Ignatius Press, San Francisco 2002.

BARRETO PENNA CHAVEZ, C. M., *La virtud de la fidelidad en Santo Tomas de Aquino y en algunos manuales de moral.*Universidad de Navarra, Pamplona 2005.

BEJCZY, I. P., *The Cardinal Virtues in the Middle Ages. A Study in Moral Thought from the Fourth to the Fourteenth Century*, VAN RULER, H. (ed.), Brill, Boston 2011.

BERGAMINO, F., *La razionalità della libertà della scelta in*

Tommaso d'Aquino, EDUSC, Roma 2002.

BOBIK, J., *Aquinas on Communicatio, The Foundation on Friendship and caritas*, «The Modern Schoolman»/64 (1986), pp. 1–18.

BROCK, S., *The Philosophy of Saint Thomas Aquinas. A Sketch*, Cascade Books, Eugene, Ore. 2015.

BROCK, STEPHEN, *The Physical Status of the Spiritual Soul in Thomas Aquinas*, «Nova et Vetera» 3/2 (2005), pp. 305–332.

BURKE, C., *Marriage as a Sacrament of Sanctification* 9 (1995), pp. 71–87.

BURNET, J., *The Ethics of Aristotle*, Methuen, London 1900.

BURT, D. X., *Friendship and Society: An Introduction to Augustine's Practical Philosophy*, William B. Eermands Publishing Company, Grand Rapids 1999.

CADDEL, R., *Deadly sins*, Taxvs, Langley Park 1984.

CAPPELLO, F. M., *Tractatus canonico-moralis de sacramentis: De Matrimonio*, vol. 5, Marietti, Romae 1950.

CHESTERTON, G. K., *Saint Thomas Aquinas*, Image Books, New York 2014.

COOK, J., *Seven: the deadly sins and the Beatitudes*, Zondervan, Grand Rapids, Mich. 2008.

DE VITORIA, F., *Sobre el Matrimonio*, Delgado, L. F. (trad.), Editorial San Esteban, Salamanca 2005.

DEYOUNG, R. K., *Glittering vices: a new look at the seven deadly sins and their remedies*, Brazos Press, Grand Rapids, Mich. 2009.

DYSON, M. E., *Pride: the seven deadly sins*, Oxford University Press; New York Public Library, Oxford; New

York; New York 2006.

FAIRLIE, H., *The seven deadly sins today*, New Republic Books, Washington 1978.

FEINGOLD, L., *The Natural Desire to See God According to St. Thomas and His Interpreters*, Sapientia Press, Ave Maria, Fla 2010.

—, *The Eucharist. Mystery of Presence, Sacrifice, and Communion*, Emmaus Academic, Steubenville, Ohio 2018.

FERNÁNDEZ BURILLO, S., *El amor de amistad como clave de síntesis metafísica*, «Studium» 35 (1995), pp. 53–83.

FLANNERY, K., *Christian & Moral Action*, The Institute for the Psychological Science Press, Arlingtong 2012.

GARCÍA LÓPEZ, J., *Metafísica tomista: Ontología, Gnoseología y Teología Natural*, EUNSA, Pamplona 2001.

—, *Virtud y personalidad según Tomás de Aquino*, EUNSA, Pamplona 2003.

GASPARRI, P., *Tractatus canonicus de matrimonio*, Typis Polyglottis Vaticanis, Vatican City 1932.

GIL HELLÍN, F., *Los 'bona matrimonii' en la Constitución Pastoral 'Gaudium et Spes' del Concilio Vaticano II*, «Scripta Theologica» 11 (1979), pp. 127–178.

—, *El matrimonio y la vida conyugal*, Edicep, Valencia 1995.

GIRGIS, S. – ANDERSON, R. – GEORGE, R., *What is Marriage? Man and Woman: A Defense*, Encounter Books, New York 2012.

GONDREAU, P., *The Humanity of Christ, the Incarnate Word*, in NIEUWENHOVE, R. V. – WAWRYKOW, J. (eds.), *The Theology of Thomas Aquinas*, University of Notre Dame Press, Notre

Dame 2005, pp. 252–276.

—, *The Passions of Christ's Soul in the Theology of St. Thomas Aquinas*, University of Scranton Press, Scranton 2009.

HÜBSCHER, I., *De Imagine Dei in Homine Viatore secundum Doctrinam S. Thomae Aquinatis*, Typis F. Ceuterick, Lovanii 1932.

HÜTTER, R., *The Virtue of Chastity and the Scourge of Pornography: A Twofold Crisis Considered in Light of Thomas Aquinas's Moral Theology*, «The Thomist» 77 (2013), pp. 1–39.

JENSEN, S. J., *Sin: A Thomistic Psychology*, The Catholic University of America Press, Washington 2018.

JUAN PABLO II, *Hombre y mujer lo creó. El amor humano en el plano divino*, BURGOS VELASCO, A. – PARDO ÁLVAREZ, M. A. (eds.), Ediciones Cristiandad, Madrid 2010.

LLANO, A., *Gnoselogía*, EUNSA, Pamplona 1991.

—, *El enigma de la representación*, Síntesis Editorial, 2000.

LÓPEZ-GONZÁLEZ, P., *Origen de la expresión "Res et Sacramentum,"* «Scripta Theologica» 17/1 (1985), pp. 73–119.

MACINTYRE, A., *Dependent Rational Animals: Why Human Beings Need the Virtues*, Open Court, Chicago 2001.

MALO, A., *Antropologia dell'affettività*, Armando Editore, Roma 1999.

—, *Io e gli Altri: Dall'identità Alla Relazione*, EDUSC, Roma 2010.

MANZANEDO, M., *La amistad en la filosofía greco-romana*, «Angelicum» 70 (1993), pp. 329–361.

—, *La amistad según Santo Tomás*, «Angelicum» 71 (1994),

pp. 371–426.

MAY, W., *Marriage: The Rock on Which the Family is Built*, Ignatius Press, San Francisco 2009.

MILLÁN-PUELLES, A., *La formación de la personalidad humana*, Ediciones Rialp, Madrid 1963.

—, *La estructura de la subjetividad*, Ediciones Rialp, Madrid 1967.

—, *La libre afirmación de nuestro ser: Una fundamentación de la ética realista*, Ediciones Rialp, Madrid 1994.

—, *El valor de la libertad*, Ediciones Rialp, Madrid 1995.

—, *Fundamentos de filosofía*, Ediciones Rialp, Madrid 2001.

—, *Léxico filosófico*, Ediciones Rialp, Madrid 2002.

NAULT, D. J.-C., *The Noonday Devil: Acedia, the Unnamed Evil of Our Times*, Ignatius Press, San Francisco 2015.

OCÁRIZ BRAÑA, F., *Hijos de Dios en Cristo. Introducción a una teología de la participación sobrenatural*, EUNSA, Pamplona 1972.

—, *Amor a Dios. Amor a los hombres*, Ediciones Palabra, Madrid 1974.

PEREZ-LOPEZ, A., *De la experiencia de la integración a la visión integral de la persona: estudio histórico-analítico de la integración en "Persona y acción" de Karol Wojtyla*, Edicep, Valencia 2012.

—, *Karol Wojtyla's Thomistic Understanding of Consciousness*, «The Thomist» 79/3 (2015), pp. 407–437.

—, *Procreation and the Spousal Meaning of the Body: A Thomistic Argument Grounded in Vatican II*, Pickwick, Oregon 2017.

——, *The Priest as a Man of Justice*, vol. 1, Tan Books, Charlotte 2017.

PEREZ-LOPEZ, I., *La teoría de la conciencia de Antonio Millán-Puelles y Karol Wojtyła. Un estudio comparativo*, EDUSC, Roma 2017.

——, *Enseñar a amar educando en la virtud. La perspectiva teleológica de la formación de la personalidad humana en el pensamiento de Antonio Millán-Puelles*, Editorial Académica Española, Beau Bassin 2018.

PEREZ-SOBA, J. J., *La pregunta por la persona. La respuesta de la interpersonalidad: Estudio de una categoria personalista*, Publicaciones de la Facultad de Teologia San Damaso, Madrid 2005.

PINCKAERS, S., *A Historical Perspective on Intrinsically Evil Acts*, in *The Pinckaers Reader. Renewing Thomistic Moral Theology*, The Catholic University of America Press, Washington 2005, pp. 185–235.

POLO, L., *La amistad en Aristóteles*, «Anuario Filosófico» 32 (1999), pp. 477–485.

RAMÍREZ, J., *De Caritate: In II-II Summae Theologiae Divi Thomae Expositio (QQ. XXIII-XLIV), Opera Omnia*, vol. 12, Editorial San Esteban, Salamanca 1998.

ROQUEÑÍ, J. M., *Educación en la afectividad. Una propuesta desde el pensamiento de Santo Tomás de Aquino*, EUNSA, Pamplona 2005.

ROYO MARÍN, A., *Jesucristo y la vida cristiana*, BAC, Madrid 1961.

ROYO MARIN, A., *Teologia de la caridad*, BAC, Madrid 1963.

— , *Teología de la Perfección Cristiana*, BAC, Madrid 1988.

SARMIENTO, A., *El Matrimonio Cristiano*, EUNSA, Pamplona 2001.

SCHELER, M., *Arrepentimiento y nuevo nacimiento*, Sánchez-Migallón, S. (trad.), Encuentro, Madrid 2007.

— , *Amor y conocimiento y otros escritos*, Sánchez-Migallón Granados, S. (trad.), Ediciones Palabra, Madrid 2010.

SHEEN, F. J., *Three to Get Married*, Scepter Publishers, New York 1996.

SMITH, J. E., *Humanae Vitae, a Generation Later*, The Catholic University of America Press, Washington, D.C 1991.

TE VELDE, R., *Participation and Substantiality in Thomas Aquinas*, E. J. Brill, New York 1995.

— , *Evil, Sin, and Death: Thomas Aquinas on Original Sin*, in NIEUWENHOVE, R. V. – WAWRYKOW, J. (eds.), *The Theology of Thomas Aquinas*, University of Notre Dame Press, Notre Dame 2005, pp. 143–166.

— , *Aquinas on God: The "Divine Science" of the Summa Theologiae*, Ashgate, Burlington 2006.

TEJERO, E., *La "res et sacramentum", Estructura y Espíritu del Ordenamiento Canónico. Síntesis Doctrinal de Santo Tomás*, «Scripta Theologica» 15 (1983), pp. 427–460.

VON HILDEBRAND, D., *The Encyclical "Humanae Vitae": A Sign of Contradiction*, Crosby, J. — Fedoryka, D. (trads.), Franciscan Herald Press, Chicago 1969.

WALDSTEIN, M., *Children as the Common Good of Marriage*, «Nova et Vetera» 7/3 (2009), pp. 697–709.

WESTBERG, D., *Right Practical Reason: Aristotle, Action, and*

Prudence in Aquinas, Clarendon Press, Oxford 1994.

WHITE, T. J., *The Incarnate Lord. A Thomistic Study in Christology*, Catholic University of America Press, Washington 2015.

WOJTYŁA, K., *El don del amor: escritos sobre la familia*, Ediciones Palabra, Madrid 2000.

—, *Persona y Acción*, Mora, R. (trad.), Ediciones Palabra, Madrid 2011.

ZAMBRUNO, P., *La belleza que salva según Santo Tomás de Aquino*Pontificia Studiorum Universitas A. S. Thoma Aq. In Urbe, Rome 2004.

ACERCA DE LOS AUTORES

Angel Perez-Lopez es un sacerdote católico perteneciente a la Arquidiócesis de Denver, Colorado. Nació en España y creció en Murcia. Ingresó en el Seminario Redemptoris Mater de Denver en 1996. Fue ordenado sacerdote en el año 2005. Por tres años fue vicario parroquial en Santa Teresa, Aurora. En el año 2008 fue a Roma a continuar sus estudios en filosofía y teología. En 2012 obtuvo su doctorado en filosofía, publicado bajo el título *De la experiencia de la integración a la visión integral de la persona. Estudio histórico-analítico de la integración en «Persona y acción» de Karol Wojtyla*. En el 2013 obtuvo su licenciatura en teología moral y comenzó su labor docente en el Seminario San Juan María Vianney en Denver, donde actualmente es profesor de ética, antropología filosófica y teología moral fundamental.

Angel Perez-Lopez es autor de otras obras de carácter teológico, como *Procreation and the Spousal Meaning of the Body. A Thomistic Argument Grounded in Vatican II*, o una serie de cuatro volúmenes dedicados a la formación sacerdotal en la virtudes humanas, *Priestly Formation in the Human Virtues*.

Israel Perez-Lopez es un sacerdote católico perteneciente a la Diócesis de Cartagena, España. Nació en España y creció en Murcia. Ingresó en el Seminario Mayor San Fulgencio de Murcia en 2000. Fue ordenado sacerdote en el año 2006. Obtuvo el doctorado en filosofía en la Pontificia Universidad de la Santa Cruz de Roma en 2016.

Israel Perez-Lopez es autor de dos libros: *La teoría de la conciencia de Antonio Millán-Puelles y Karol Wojtyła. Un estudio comparativo*, EDUSC, Roma 2017; y *Enseñar a amar educando en la virtud. La perspectiva teleológica de la formación de la personalidad humana en el pensamiento de Antonio Millán-Puelles*, Editorial Académica Española, Beau Bassin 2018.

Made in the USA
Coppell, TX
22 December 2022